마트에서 잘 나가는
영업사원, 영업팀장들

마트에서 잘 나가는 영업사원, 영업팀장들

발행일	2017년 10월 18일		
지은이	박 영 민		
펴낸이	손 형 국		
펴낸곳	(주)북랩		
편집인	선일영	편집	이종무, 권혁신, 최예은
디자인	이현수, 김민하, 한수희	제작	박기성, 황동현, 구성우
마케팅	김회란, 박진관, 김한결		
출판등록	2004. 12. 1(제2012-000051호)		
주소	서울시 금천구 가산디지털 1로 168, 우림라이온스밸리 B동 B113, 114호		
홈페이지	www.book.co.kr		
전화번호	(02)2026-5777	팩스	(02)2026-5747

ISBN   979-11-5987-803-9 03320(종이책)   979-11-5987-804-6 05320(전자책)

이 도서의 국립중앙도서관 출판예정도서목록(CIP)은 서지정보유통지원시스템 홈페이지(http://seoji.
nl.go.kr)와 국가자료공동목록시스템(http://www.nl.go.kr/kolisnet)에서 이용하실 수 있습니다.
(CIP제어번호 : CIP2017025861)

총성 없는 전쟁터 영업현장에서 승리하는

기획과 실행 매뉴얼

마트에서 잘 나가는 영업사원, 영업팀장들

박영민 지음

북랩 book Lab

필자는 영업 말고는 남들보다 잘하는 것이 하나도 없다. 하지만 젊은 시절부터 지금까지 다양한 유통채널에서 현장영업을 오랫동안 계속해 오면서 누구보다도 영업 하나만큼은 잘한다는 자신감으로 일해왔고, 지금까지 그렇게 세월이 많이 흘렀지만, 아직까지도 영업 하나만큼은 그 누구보다도 잘할 수 있다는 자신감으로 아직도 현직에서 자신 있게 일하고 있다.

이 글을 적음으로써, 영업분야에서 오랫동안 일한 직장인으로서, 나름대로 가장 자신 있고, 누구보다 잘할 수 있는, 일반 유통영업 현장에서 이루어지는 생활용품 영업에 대하여 배운 것을 여러 사람들에게 알리고 일반 생활용품 영업의 영업상황에 대하여 간략하고 쉽게 정리해서 배우고 익힌 영업활동을 후배나 동료들이 그들의 영업활동에 조금이나마 도움이 되었으면 하는 마음이다. 하지만 이 글을 읽는 분들 대부분은 나와 다른 영업환경에서 다른 품목으로 다른 거래처와 영업활동을 할 수 있으므로, 이 글이 정확히 맞다 또는 아니다라고 이야기할 수 있는 것은 아니라고 생각한다.

필자는 오래전부터 '남자는 멋과 보람에 산다'라는 말을 즐겨 말하고 생각해 왔다. 여기서 말하는 '멋'이란 얼굴의 잘생김이나 키가 큰 것처럼 태어날 때부터 만들어지거나 억지로 멋을 내고, 폼을 잡아 어딘가 부자연스러운 것들이 아니라, 자기가 하는 일을 사랑하고, 자기가 하는 일을 남들보다 특별히 잘해서, 남들 앞에서 자신 있게 말할 수 있고 확실히 설명할수 있어서 도움도 주고 때로는 가르쳐 줄 수도 있는 정말로 그 분야의 멋진 실력자를 말하는 것이다. '보람'이라는 것은 그 실력을 같은 분야에서 일하는 많은 후배나 동료들에게 베풀고 나누어 주어 조금이라도 그들에게 도움을 줄 수 있는 그래서 나만이 느낄 수 있는 성취감이나 만족감 같은 것이다.

필자는 지금 너무 좋다. 내가 평생 해온 이 일들을 누구보다 잘 할 수 있다는 생각에, 그리고 이러한 것들을 누군가에게 말할 수 있고 누군가에게 작은 도움이라도 줄 수 있다는 생각 때문이다. 그래서 필자는 지금 '멋'과 '보람'에 살고 있다.

사실 좀 더 시간을 가지고 유통채널별로, 분야별로 한 권씩의 책으로서 아주 자세히 가이드하고 싶은 생각도 있다. 하지만 막상 글을 쓰기 시작하니 전문적으로 글을 쓰는 사람도 아니고 글 쓰는 재주도 없는 내가 그리고 현재 어느 회사에서 아직 현역으로 일하면서 시간상 주로 주말에만 글을 써야 하는 것을 생각하면 아직은 엄두가 나지 않는다. 하지만 회사를 은퇴하고 시간이 나면 다시 차근차근 준비해 볼 생각이다.

　그리고 더욱이 글을 쓴다는 것이 머리 속에는 들어있고 알고도 있으나 막상 이것을 앞, 뒤 논리 생각하며 문맥에 맞추어 책으로 내려 하니 보통 어려운 것이 아니었다. 웬만큼 자세히, 깊게 모르면 쉽게 풀어서 글로써 표현할 수 없다는 것을 다시 한 번 실감하며, 전문적으로 글을 쓰는 사람이 아니라서 글로 표현하는 데 한계를 느꼈다. 그러나 훗날 언젠가는 나의 영업 지식을 필요로 하는 분이 있다면, 그래서 여건이 가능하다면 직접 설명할 기회를 가지는 날이 오기를 기대하고 있다.

목차

2장 유통업체와의 생활용품 영업 이렇게 해라

3장 유통업체와 실전 영업 시 매출 10% 더 올리는 팁

1장 영업사원이란?

영업사원이란?

1장

영업에서의 최종 목적과 가치

1. 상호 동반 상승

보통 사람이 정상적인 학업을 마치고 사회생활을 시작하면서 경제활동을 한다는 것은 단순히 보면 크게 두 가지 방법일 것이다. 자기 개인사업을 하거나 아니면 어느 회사의 월급쟁이일 것이다. 많은 사람들이 이 두 가지 방법의 갈림길에서 본인이 처한 상황과 환경, 그리고 본인이 무엇을 더 잘할 수 있는지를 면밀히 체크 한 후에 개인사업 혹은 월급쟁이 중 하나를 선택하게 된다.

　먼저 어느 누가, 학업을 마치고 바로 사업을 시작한다면, 이는 취직이 안 돼서 부득이 작은 개인사업을 하거나, 집안 대대로 내려오는 직업을 택해야 하는 경우가 아니라면 그 사람은 적어도 사업 아이템, 자본 그리고 함께 일할 사람이 있을 것으로 생각한다. 그리고 그 사람은 사업가로서의 성공에 대한 열망과 의지도 남들보다 훨씬 높을 것이다. 오너로서 성공하는 사람은 보통 두 가지 경우에 해당하는 듯하다.

　첫째 먼저 빠르게 변화해 가는 세상 트렌드를 남들보다 먼저 잘 파악하고, 그래서 남들이 안 하는 완전 새로운 것을 제일 먼저 시작하고 도전하여 남들보다 한발 빠르게 그 분야를 개척하여 성공하는 것이다.

　둘째로 남들이 이미 많이 시작하고 있는 사업과 아이템에 같이 뛰어들어 같은 품목, 아이템으로 참여하여 거기서 남들보다 훨씬 더 월등한 능력을 발휘하여 괄목할만한 성과를 만들어 내는 것이다.

　만일, 학업을 마치고 사업을 택한 것이 아니라면 취업 전선에 뛰어들어 월급쟁이로서 성공을 위한 사회생활을 시작하여야 하는데, 두 가지 중에서도 성공을 위한 필수 공통점은 결국 '사람'이 아닌가 싶다. 지금까지 필자가 오랜 세월 동안 월급쟁이로서 생활하고, 또 어느 팀에서 리더로 일하면서 남들보다 상대적으로 좋은 결과를 만들어내는 이유를 한 가지만 말해 보라 한다면, 그것은 우리 팀의 팀원들의 사기나 파이팅이 분명히 다른 팀보다 월등히 좋다라고 말할 수 있다. 그만큼 모든 사업의 기본은 어디에서나 '사람'이 되는 것이다.

가령 누군가가 어느 사업을 하더라도 그 사업의 이익이나, 아니면 자기만의 특별한 성과만을 남기려고 그 이익에만 집중하다 보면, 주변 사람들을 소홀히 할 수 있는데, 이럴 경우 대부분 그 사업은 크게 성공할 수는 없다. 결국, 자기 주변에 사람을 많이 남길 줄 알아야 그 사업에 성공할 수 있다. 예로 내가 만일 어느 음식점을 운영한다고 가정했을 때, 어떤 손님이 찾아왔을 경우 손님에게서 얼마의 매출을 올려서 얼마를 남길 것인가만을 계산하고 그 마진만을 위한 영업활동을 전개해서 재료도 부적절한 것을 사용하고, 종업원도 적당하지 않은 사람들을 고용해서 자기만의 이익을 추구하는 데에 몰두한다면 결론적으로 그 식당으로는 큰 성공을 거두기 어려울 것이다.

하지만 내가 차라리 당장의 마진보다는 찾아오는 손님에게 깨끗하고 질 좋고 맛있는 음식과 이미지를 남겨서 그 손님이 만족감을 느껴서 다음에 다른 손님들을 데리고 다시 오게 할 수 있다면, 장기적으로 그 음식점에는 점점 손님이 많아질 것이고 결국 그 음식점은 성공하게 된다.

즉 이처럼 자기가 하는 일에 성공을 원한다면, 특히 더욱더 영업에 종사하는 사람들이라면 무엇보다도 제일 먼저 자기 주변의 사람을 생각해야 하고, 자기 주변에 좋은 사람들을 많이 남길 줄 알아야 한다. 주변에 사람을 많이 남긴다는 것은 나의 이익도 중요하지만, 주변 사람들의 이익도 내 것만큼이나 중요하다는 것을 인식하여 상호 동반 상승할 줄 알아야 하는 것이다. 이러한 생각은 비단 영업만이 아닌 다른 일반 월급쟁이를 한다 해도 마찬가지일 것이다.

영업은 한 번의 장사로서 끝나는 것이 아니라, 결국 주변의 사람들과 함께 끝을 낸 듯하지만 다시 새로이 시작되고, 다시 시작하면 또 그 주변 사람들과 함께 끝을 내고 결과를 봐야 해서 보통의 경우는 연속적으로 물레방아 돌듯이 이어지는 것이다. 자기 주변의 바이어든 협력자든 그 사람들과의 좋은 협력 관계는 비즈니스에서 매우 중요한 것이다.

간혹 사회생활하는 우리는 주변 사람들과의 협조 없이 독불장군처럼 혼자서 일하고, 혼자서 성과를 내야 직성이 풀리는 사람들을 보게 되는데, 우리는 이들이 진정한 리더가 되기는 힘들다는 것을 쉽게 짐작할 수 있다. 특히 행동과 태도가 매우 중요한 영업부서에서 일하는 사람이라면 같이 일하는 사람들의 마음과 동기 부여가 매우 중요하다. 아무리 자신의 직급이 높다고 해도 주변 사람들이나 부하 직원에 대한 존중과 배려심 없이 남들 앞에서 그저 폼만 잡으려 하고 권위만 내세우려 한다면 부하 직원들로부터도 진실된 존중을 받지 못한다. 이 또한 매우 서글픈 일일 것이다.

폼이나 권위는 외모에서 나오는 것이 아니다. 평상시 행동과 태도로부터 나오는 것이다. 물론 외모도 좋고 평상시 행동과 태도도 좋다면 더할 나위 없이 좋겠지만 말이다. 물론 이것은 비단 윗사람에게만 해당되는 말이 아니라 아랫사람에게도 해당된다. 자기 생각 없이, 오로지 따뜻한 곳만을 계속해서 찾아다니는 행동과 태도가 안 좋은 부하 직원을 일방적으로 계속해서 좋아해 줄 부처님처럼 마음이 넓은 윗사람은 없을 것이다. 그렇다면 이건 선택의 문제가 된다. '포기할 것인가, 아니면 같이 가는가'이다.

필자는 오랜 직장 생활을 하다 보니 사람과 관련하여 여러 가지의 경우를 보게 된다. 어떤 사람을 한 직장에서 그것도 한팀에서 상사와 부하의 관계로 만나게 되어 그 인생 자체가 완전히 뒤바뀌는 경우를 종종 본다. 어떤 이는 평상시 일을 무난히 매끄럽게 잘 처리하여 거래처에서도 특별히 일 잘한다고 인정받았고 그 팀 내는 물론 다른 팀에서도 일 잘한다는 평가를 받았었지만, 팀을 옮기고 나서 갑자기 아주 일 못하는, 이상한 사람으로 낙인찍히는 경우가 종종 있었다. 이 반대의 경우도 항상 회사에서 그 사람이 문제 되어서 잘못하면 회사가 큰 손실을 볼 수도 있는 상황인데 그의 상사인 팀 리더 한 명이 바뀜으로써 그 사람이 순식간에 회사의 기둥, 가장 일 잘하는 사람으로 둔갑하여 승승장구하는 경우도 종종 보았다.

그리고 보면 한 회사 안에서 함께 일하는 사람들 간의 실력 차이는 별로 크지 않은 것 같다. 특히 회사처럼 서류와 면접으로 정상적으로 들어온 사람들이라면 그들의 실력은 그리 많이 다르지 않을 듯하다. 누구든지 보통은 하나를 잘하면 다른 하나가 상대적으로 약간 부족하듯이, 누구는 이것을 더 잘하고, 누구는 저것을 더 잘하는 것처럼 아마도 그를 평가하는 좀 더 높은 위치에 있는 사람이 가치를 어디에 더 두어 평가하는가에 따라 그 사람의 종합적인 평가가 달라지는 듯하다. 즉 사람은 분명히 뭔가 하나씩 타고난 저마다의 소질이 있는 듯하다. 각 팀에서 그 타고난 저마다의 그 소질을 잘 계발하고 활용한다면 그 값어치는 대단할 것이다.

그래서 만일 자기 주변의 사람들을 존중해서 자기 주변에 10명의 사람을 남길 줄 안다면, 자기 주변에는 각각 10개의 소질을 가진 사람이 남게 되고 그 10개의 소질을 어떻게 활용하여 팀을 운영하는가는 직장상사 혹은 리더 즉 윗사람의 몫일 것이다. 그리고 그것에 의해 소위 잘 나가는 팀과 못 나가는 팀으로 구분될 것이다.

2. 영업부에서의 리더십

내가 생각하는 리더 상은 여러 가지를 이야기할 수 있지만, 영업부에서는 적어도 리더라면 반드시 남들보다 훨씬 더 좋은 영업성과를 내야 한다. 여기서 영업성과란 결과로서 최종적인 숫자를 말하는 것이다. 숫자를 남기지 못한다면 그건 영업활동을 한 것이 아니다. 다른 것을 아무리 잘해도 영업부에서 영업적인 결과, 즉 숫자를 못 남긴다면 리더는 아닌 듯하다. 그냥 상사이거나 그냥 영업 오래 한 선배인 것이다. 그리고 그 좋은 영업성과는 반드시 '내 손이 아니라 우리 팀 팀원들의 손을 통해서 내야 한다'라는 것이다. 영업은 항상 경쟁이 치열하고 계속적으로 주변 환경이 바뀌게 되는데 그런데도 계속적으로 영업이 성장할 수 있는 저력 즉, 영업의 영속성과 지속성이 매우 중요하다.

그 영업력을 바탕으로 회사가, 팀이 지속적으로 유지되려면 영업문화가 필요하다. 영업문화를 만들어내고 그 팀을 끌고 나가는 자질과 능력이 영업하는 리더의 자질이라고 생각한다. 보통 팀원은 자기가 팀에서 제일 잘하는, 잘할 수 있는 업무를 상사로부터 지시받았을 때 제일 좋은 성과를 만들어낸다. 영업부 리더는 자기와 같이 일하는 사람 하나하나의 소질과 자질을 알아내어 그 사람들이 잘하는 것, 잘할 수 있는 것을 더 잘할 수 있도록 업무를 집중 배치하여 그들 스스로 동기를 부여하고 경쟁력과 자신감을 느껴서 스스로 성장하고 배워 나갈 수 있는 환경을 구축해야 한다.

오래전에 필자가 팀 리더로서 일할 때 자주 입버릇처럼 말하던 것이 기억이 난다. 유난히 회사에서 내부적인 품의서 작성을 잘 만드는 A양, 유난히 외부적으로 거래처에 가서 뭐든지 잘 팔아 오는 B군이 우리 팀에 함께 있을 때의 일이다. "품의서는 A양이 적고, 파는 것은 B군이 팔아와"라고 했었다. 결과적으로 그 당시 우리 팀의 영업실적은 다른 팀들보다 월등히 좋았다. 그만큼 우리 주변에 좋은 사람들의 소질을 존중하고 더욱더 잘할 수 있도록 배려해서 그런 사람들이 우리 주변에 많이 남는다면, 영업실적은 그리 걱정하지 않아도 될 것이다.

문밖으로 한 발자국만 나가도 경쟁자가 너무 많고, 경쟁이 하루하루 다르게 치열해져 가는 상황에서 한 명의 팀원이 모든 영업분야를 다 잘하는 것을 바라거나, 팀원 모두가 슈퍼맨처럼 모든 영업분야를 다 잘하고 익숙해야 한다고 생각하는 영업부 리더가 있다면, 그 팀은 앞으로도 영업실적은 많이 힘들어질 것이다.

예전에는 내가 부동산으로 법적인 문제가 있으면 변호사를 찾아가서 상담했다. 또한, 나의 주식에 법적인 문제가 있으면 변호사를 찾아갔다. 그리고 누구랑 싸움을 해서 문제가 발생했다면 그때도 변호사를 찾아갔다. 그러나 지금은 내가 만일 부동산에 문제가 있다면 나는 부동산 전문 변호사를 찾아가야 승소할 확률이 높을 것이다. 그리고 주식에 문제가 있다면 증권 전문 변호사를 찾아가야 승소할 확률이 높을 것이며, 누구랑 싸움을 했다면 폭행 전문 변호사를 찾아가야 승소할 확률이 높을 것이다. 이렇듯 지금은 모든 것이 점점 더 전문화되고 세분화되기 때문에 영업분야에서도 각각 분야별로 좀 더 전문성을 키워야만 경쟁사를 이길 확률이 높다.

3. 항상 남는 것은 사람

얼마 오래되지 않은 일이다. 개인 일을 하는 친한 후배 한 명이 나에게 와서 열심히 일하는데도 돈이 잘 안 벌린다고 고백했다. 남들보다 몇 배는 더 열심히 일하는 것 같은데 말이다. 열심히 일하는 사람은 분명히 돈을 벌어들이는 시간의 차이와 돈을 버는 금액에 따라 만족감의 차이는 있을지 몰라도 열심히 안 하는 사람보다는 잘 벌어들일 것인데 말이다. 그런데 돈은 말이다. 어찌하면 돈을 잘 벌어들일까를 생각해보면 일단 '운'이 좋아야 할 것이다. 즉 '운'을 쫓아다니면 돈을 벌 수 있을 것이다. 그러면 그 운은 어디서 오는가를 보면 결국 사람에게서 오는 것 같다. 그래서 사람을 쫓아다녀야 한다.

자기 주변의 좋은 사람들이 소중한 줄 알고 그들을 소중히 생각한다면 그들로부터 어떤 운이 오게 되는 것 같고 그 운이 오게 된다면 재물도 남들보다는 좀 더 수월하게 모을 수 있다. 이러한 사람들이 주변에 많으면 많을수록 모든 일이 잘 풀리는 것은 당연하다. 그래서 자기 주변에 항상 좋은 사람을 남기는 습관을 지녀야 한다. 항상 남는 것은 사람이다.

많은 사람들이 이야기한다. 회사를 운영하면서 적자를 내는 것보다 더 안 좋은 것은 기껏 자기가 채용하고 길러낸 유능한 인재들을 다른 곳에 뺏기는 것이라 한다. 유능한 인재가 우수한 실적을 만드는데 그 유능한 인재는 능력 있는 팀 리더가 만들어낸다. 그래서 회사 내의 제대로 된 단 1명의 간부는 박물관의 그 어떤 보물보다도 소중하다.

나는 오랜 기간 직장 생활을 했으므로 직원들과 그들의 커리어와 관련해 이야기할 기회가 많다. 그들은 대부분 미래와 비전에 대하여 궁금해 한다.

되돌아보면 나 또한 그랬던 것 같다. 그래서 상사와 미팅을 하면 대부분의 상사들은 "일 열심히 하고 잘하면 성공할 수 있어!"라고 했던 것 같다.

그럼 도대체 회사에서 '일 잘한다'는 무슨 의미일까? 영업부니까 목표를 잘하면 되나? 아니면 플랜을 잘하면? 아님 매장에서 실행을 잘하면? 이것을 질문하면 대부분의 상사들은 연초에 일을 시작하기 전에 자기 직원들과 올해는 이런 일을 중점적으로 하겠다고 서로 약속하고 나서 그 결과로서 얼마나 이것을 달성했는지를 가지고 이야기하는 경우가 대부분이다.

필자의 경우는 이런 것 같다. 경력이 얼마 안 되는 직원들일수록 연초에 상사와 서로 약속한 것을 얼마나 달성했는가를 중요하게 아주 많이 이야기하지만 적어도 팀 리더 이상이 되면 이런 것들은 일단 기본이다. 그래서 간부들에게 제일 중요한 것은 '긍정적인 영향력'이다. 즉 필자 기준으로 보면 간부들의 '일 잘한다'라는 의미는 주변에 좋은 영향력을 미치는가 아닌가이다. 좋은 영향력을 미쳐서 유능한 인재를 많이 만들어내고 그들을 다른 회사에게 빼앗기지 않도록 코치하고 가이드 해주는 것이 제일 중요한 것이다.

한 명의 유능한 간부가 부하 직원들에게 주는 긍정적인 영향력은 매우 중요하다. 특히 마음으로부터 우러나오는 동기부여로 인한 긍정적인 행동과 태도가 가장 중요한 영업부에는 특히나 더 중요한 것 같다. 오랜 직장생활을 하는 나에게, 누군가가 회사 다니면서 가장 안타까운 순간은 언제냐고 물어본다면 나는 주저 없이 유능한 후배들이 자기 직속 상사로부터 실망을 느껴 회사를 나가기를 결정하는 순간이라고 답한다.

영업사원이란?

1장

영업사원으로서의 자세

1. 타고난 저마다의 소질

필자는 학교 졸업 후 첫 직장으로 그 당시 국내 10대 그룹 중 한 곳의 생활용품 회사에서 총무부로 발령받아 고정자산관리의 업무를 맡아 직장 생활을 시작했다. 말 그대로 총무부는 다른 부서에서 취급하지 않는 나머지 모든 일들을 처리하는 부서라고 생각하면 된다. 그중에서도 당시 나의 주요 업무는 복사기, 팩스, 차량, 지게차 등의 비품들을 구매하는 구매 업무와 그 회사 비품들을 관리하는 비품관리 그리고 회사의 높은 분들의 접대관리 즉, 그분들의 크고 작은 일들을 살피는 의전처럼 일반 회사의 비서실 업무들을 했다. 그리고 회사의 주식관리자로서 주주총회 개최 및 진행과 증권감독원에 제출하는 사업보고서 작성, 반기보고서 작성 등과 매년 실시되는 고정자산 실사 등의 일을 주로 했다.

이때만 해도 필자는 현재 가장 잘할 수 있고, 결국 평생의 직업이 되어버린 유통 관련 영업사원과는 전혀 거리가 먼 회사 내 대형 비품들의 구매자로서 제조업체의 영업사원들을 만나고, 협상하고 그것들을 구매하는 큰손 바이어로서의 역할에 익숙해져 있었다. 그 당시만 해도 영업이라는 것은 바이어로서의 생활만을 하던 필자에게는 참으로 생각하기 어려운 것이었다. 게다가 그 당시 회사에서 영업을 하는 동기 영업사원들에게 영업활동에 대해 들어보면 갑과 을이 아주 명확하고 영업사원으로서 매달 목표 달성을 못 했을 때 회사 내에서 상사로부터 받는 질책과 꾸지람 그리고 현장에서 유통업체 직원과의 영업활동 시 겪는 어려움 등이 너무 확실해서 입사할 당시만 해도 정말로 영업에 대한 자기만의 확실한 철학이나 관심, 특별한 이유가 없다면 결코 지원하지 않을 것으로 생각했다.

그러던 어느 날 갑자기 회사가 점점 어려워지고 회사 내에 안 좋은 소문이 돌더니 결국, 얼마 지나지 않아 국가 IMF 사태가 발생했고 필자의 직업도 운명도 바뀌게 되었다. 즉 필자가 다니던 회사는 갑자기 매각설에 휩싸이더니 결국 글로벌 초대형 업체로부터 인수 합병당하게 된다. 그러면서 그즈음에 필자도 총무부에서 영업부서로 발령받으면서 필자의 영업 이야기, 영업활동이 시작된다.

이렇게 영업의 영 자도 모르던 정말 아무 관심도 없고, 하고 싶지도 않았던 그리고 전혀 영업분야를 모르던 사람이 얼떨결에 영업활동을 평생 직업으로서 하게 되고, 그리고 세월이 흐르고 흘러 일반 소형 직거래부터, 대리점, 홈쇼핑, 대형 슈퍼마켓, 할인점, 온라인, 클럽, 백화점, 드럭스토어, 영업기획 그리고 면세점 등의 여러 채널을 경험했다. 그러면서 나름대로 영업에 대한 특별한 생각을 가지게 되었고, 유통영업 현장에서 일하는 후배들에게 조금이라도 도움이 되겠다는 생각으로 이 글을 쓰고 있다.

필자는 지금도 가끔 후배들에게 회사에서든, 현장에서든 영업과 관련된 이야기를 할 기회가 생기면 이런 이야기를 한다. 우리 어릴 때 많이 보던 '국민교육헌장'이 있다. "우리는 민족중흥의 역사적 사명을 띠고 이 땅에 태어났다. 조상의 빛난 얼을~ 타고난 저마다의 소질을 개발하여~" 여기서 타고난 저마다의 소질을 계발하여 오랜 세월을 살다 보니 내 주변만 둘러봐도 어느 누구나 자기가 특별히 잘하는 것 한가지씩은 있는 것 같다.

IBM 창립자 토마스 왓슨도 말했다. "나는 천재는 아니지만, 이 분야에서만큼은 누구보다도 뛰어나고 이 분야에만 머물 것이다." 그렇듯이 누구든지 타고난 저마다의 소질을 알고 그것을 계발하고 집중한다면, 그런 사람은 아마도 천재지변과 같은 특별한 일이 발생하지 않는다면, 대부분 나름대로 성공을 거두게 될 것이라고 생각한다.

세상에는 할 일이 너무 많고 또 너무 많은 직업이 있고, 그 직업에는 귀

천이 없다. 요리가 좋고 요리에 소질이 있으면 요리를, 운동이 좋고 운동에 소질이 있으면 운동을, 영업이 좋고 영업을 제일 잘할 수 있는 일이라고 생각하면 영업을 하면 될 것이다. 요리를 잘하는 사람과 운동을 잘하는 사람 그리고 영업을 잘하는 사람 중 누가 더 훌륭한지는 어느 누구도 자신 있게 이야기할 수 없을 것이다. 그것은 보는 사람의 가치관에 따라, 자기가 처한 상황에 따라 모두 다를 것이다. 그렇지만 모두 다 자기가 좋아하고 즐길 수 있고 소질 있는 것을 계속한다면 그 분야에서 성공할 가능성이 높다. 만일 수영을 잘하는 수영선수에게 운동신경이 좋다고 해서 수영이 아닌 축구를 시켰다면 또한 반대로 축구를 잘하는 축구선수에게 운동에 소질이 있다고 해서 수영을 시켰다면 지금 그들이 이만큼 성공했을지는 모르겠다. 다만, 여기서 문제는 대부분의 사람들은 도대체 자기소질이 뭔지, 자기 적성이 어느 것에 맞는지 제대로 알지 못한다는 것이다.

대부분의 사람들은 자기 소질이 뭔지를 생각하기보다는, 자기가 무엇이 되고 싶은지, 무슨 직업을 가지고 싶은지를 먼저 생각하기 때문이다. 즉, 축구에 전혀 소질이 없는데 축구선수를 하고 싶다든지, 노래를 전혀 못 하는 음치가 가수가 되고 싶다든지, 공부를 못 하면서도 공부를 많이 해야 하는 교수님이 된다고 한다든지 등의 경우이다. 그래서 그 사람들이 실패하는 것을 볼 수 있다. 이는 자기가 하고 싶은 것과 자기가 제일 잘할 수 있는 것을 구분 못해서이다.

만일 누구든지 자기의 소질과 적성만 처음부터, 아주 어릴 적부터 정확히 제대로 알 수 있다면 그래서 그것을 집중적으로 계발할 수만 있다면 많은 부모들이 자기 아이의 미래를 많이 걱정하지 않아도 되지 않을까 한다. 또한 부모들이 아이들의 적성과 소질을 정확히만 알 수 있다면, 아이들에게 지금처럼 공부만을 강요하지는 않을 것이며, 사회에서도 지금과 같은 교육열은 찾아보기 힘들 것 같다. 많은 부모들은 자기 아이들의 타고난 저마다의 소질과 적성을 정확히 알 수 없으므로 아이의 미래가 불안한 것이고, 아직까지도 우리 사회에서는 아무래도 공부가 그나마 사회적으로 성공할 가능성이 가장 높다고 생각하니까 아이들만 보면 공부해라 공부해라 하는 것 같다.

2. 영업사원의 행동과 태도

지금 필자가 여기 적고자 하는 영업은 어떤 특정한 소질이 영업의 결과를, 성공을 좌지우지하지 않는다는 것이다. 영업은 결론적으로 영업사원들의 행동과 태도에 의해 좌지우지된다. 영업하기 좋은 습관을 말하는 것이다. 물론 영업적인 감각도 있고, 순간적인 순발력, 근면성, 성실성 등 기본적인 직장인으로서의 소양도 있으면 좋다. 그렇지만 영업은 구매자 그리고 소비자라는 상대방도 있음을 고려할 때 상호 간에 신뢰를 줄 수 있고, 상호 간에 파트너십을 쌓아갈 수 있는 기본적인 매너 즉 행동과 태도가 매우 중요하므로 행동과 태도만 잘할 수 있다고 생각한다면 영업분야에서는 나름 좋은 성과를 올릴 수 있다. 즉 영업도 특정한 소질이 있으면 더욱 좋지만, 없다 하더라도 자기 자신의 노력이나 신념 그리고 행동으로 전문가가 될 수 있을 것이다.

물론 주변을 둘러보면 지금 당장 영업성과를 못 내는 분들도 많이 있고,

설사 지금 영업성과를 조금 낸다 해도 결국 시간이 지나면 잘 안 될 것인 데라는 생각을 갖는 분들도 많다. 아무리 영업에 대해 의욕과 열정이 많다고 해도 행동과 태도가 틀렸다면 영업부에서는 오랫동안 그리고 크게 성공하기는 힘들 것이다. 왜냐하면, 결국 영업의 많은 부분은 사람과 사람이 만나서 이야기함으로서 상호 간 동반 상승할 수 있는 무엇인가를 도출하는 것이기 때문이다. 아무리 자기가 똑똑하고 개인적인 업무능력이 뛰어나도, 남을 배려할 줄 모르고 계속적으로 자기 입장만을 생각한다거나, 남들과 화합을 못 하고 계속 트러블을 만드는 괴팍한 성격의 소유자는 일시적으로, 단기적으로 사막에서 간혹 보이는 신기루 같은 착시현상처럼 그 열정으로 인해 잠시 특정 상사로부터 성과를 인정받아 승진도 하고 월급도 많이 받을 수는 있으나, 영업은 나 혼자 하는 것이 아니라 항상 상대편이 있고 그 상대편과 같이 사고파는 것이며 한 번 팔고 사라지는 장돌뱅이 영업이 아니라 대부분 하나의 거래처를 오늘도 내일도 다음 달도 계속 우리의 거래처로서 만나서 계속적으로 활동을 해야 해서 사실상 행동과 태도가 안 좋은 사람들의 영업 수명은 그리 길지 않다.

또한, 이런 사람들의 특징 중 하나는 나름대로 몇 개의 특별한 성과는 가지고 있다. 회사 전체로 보면 나중에 결국 부작용이나 후유증이 나오는 특별한 성과를 나타내는데 예를 들어 성공에 대한 욕심으로 하지 말아야 할 비즈니스를 무리하게 추진하여 겉으로 보기에는 스케일도 크고 예쁘지만, 속으로는 실행이 제대로 안 돼 곪아 터지는 무리한 프로모션을 벌려놓고, 자기는 다른 자리로 이동하고 후임자에게 상당한 책임과 상처만을 남기는 특별한(?) 성과인 것이다. 그래서 밑으로부터는 원성을 많이 듣고 딱히 터놓고 마음속 깊이 이야기할 동료도 없지만, 순간적으로 거래처 바이어의 눈과 귀를 멀게 하여 나중이야 어찌 되든 자기가 그 일을 담당할 때만의 성과를 마치 보이스피싱처럼 실적을 만들어 내는 것이다. 이는 윗사람들에게도 일시적으로, 순간적으로 영업을 잘 한다는 이미지를 주어 쉽게 착시현상에 빠지는 것이고 그래서 남들보다 승진도 빠른 것처럼 보인다.

궁극적으로 영업은 어떤 거래처를 담당하든지 어떤 브랜드를 담당하든지 전체적으로 꾸준히 큰 기복 없이 안정적인 좋은 성과를 계속적으로 내야 하는데, 이 사람들은 특정한 거래처, 특정한 사람, 특정한 바이어에게만 짧게 유독 영업을 잘 한다. 그래서 거기서만, 그때만 유난히 성과가 좋은 것이고, 혹시라도 자기와 맞지 않는 사람, 맞지 않는 거래처를 만나게 된다면 영업실적은 끊임없이 크게 망가지는 것이다. 전체를 얻든지 아니면 전체를 잃어가는 그런 매우 불안정한 영업을 하게 되는 것이다. 그리고 착각한다. 영업실적이 안 좋으면 자기는 영업을 잘하는데 상대편 거래처 사람들이 이상하고, 거래처 조건이 이상하고, 같이 일하는 부하직원들이 문제가 있고, 운이 안 좋아 그렇다고 말이다. 이런 사람은 영업을 안 하는 것이 좋다.

여자가 어떤 남자와 결혼한다 하더라도 가령 사귀는 남성의 진실된 마음을 알아보지 못하고 거짓말이나 어떤 다른 것에 속아서 결혼하게 된다면 나중에 많은 문제가 발생하는 것과 마찬가지이다. 이런 사람들을 영업부로 채용해서 이런 사람들이 착시현상으로 만든 영업실적으로 인해 간부가 되고, 직급이 높아진다면 그 회사 영업부의 미래는 정말 불투명해진다. 자질 없는 내부의 간부 1명은 100명의 외부의 적보다도 무섭다. 그리고 자질 없는 내부 간부 1명의 통제 안 되는 권력은 외부의 그 어떤 적보다 더 무섭다. 그래서 결국 그 팀이나 영업부에는 양질의 영업사원들보다는 자질 안 되는 영업사원들이 주류를 이루게 되고 그런 영업부가 좋은 성과를 낼 리는 만무하다.

필자는 항상 이야기한다. "항상 남는 것은 사람이다"라고. 영업부는 더 그렇다. 영업은 행동과 태도를 지배하는 정신상태가 중요한 것이다. 필자가 지금껏 좋은 영업성과를 내는 비결 중의 하나는 이것이다. '항상 남는 것은 사람'이라는 생각이다.

3. 형태별 영업 분류와 영업의 중요성

기술 영업 같은 특수한 영업 말고 일반적인 영업이라 하면 쉽게 세 가지 부류를 생각할 수 있다. 먼저 일반 제조업체처럼 회사 대 회사의 영업으로서, 즉 주로 일반 제조업체들이 대형 유통업체들을 상대로 하는 영업으로서 오늘도, 내일도 계속해서 특정인에게, 거의 지정된 거래처와 지정된 사람에게 장사하는 것이다. 어찌 보면 일종의 납품자로서의 영업, 즉 물건을 파는가, 안 파는가 보다는 물건을 팔기는 파는데 얼마나 많이 파느냐, 아니면 얼마나 적게 파느냐가 핵심인 영업이다. 즉 이런 영업사원들은 상호 신뢰를 바탕으로 한 양사 간의 동반 상승을 항상 마음에 두는 영업력이 절대적으로 필요하며, 말하는 입보다는 듣는 귀의 역할이 더욱 중요하다.

두 번째는 주로 개인과 개인의 영업으로서 지정된 장소 없이 여러 장소를 돌아다니면서 불특정 다수에게 순간적으로 물건을 팔아치우는 장사꾼들, 소위 뜨내기 영업이다. 이런 영업사원들은 보통 폭풍우처럼 한방에 몰아치는 재치있는 말솜씨와 순발력을 통해 자기의 모든 것을 쏟아내어 순간적으로 고객을 설득시키는 장기보다는 단기에 더 초점을 맞추는 영업력이 필요하다.

보통 이런 사람들은 듣는 귀보다는 말하는 입의 역할이 더욱더 중요하며, 이 둘을 혼합한 형태의 영업으로는 보험이나 자동차 영업 등이 해당한다. 이것은 불특정 다수, 주로 개인들을 상대해야 하지만 결국 그 개인들이 또 다른 개인들에게 지속적으로 영향력을 주는 것이 보통이므로 이 두 가지가 혼합된 영업의 형태라 할 수 있을 것이다. 결론적으로 집중해야 하는 영업력과 영업 형태는 모두 달라도, 공통점은 '사람'이다.

누구든지 월급쟁이로서 진로가 정해져 회사에 출근하게 되고, 그것도 회사에서 가장 중심이 되는 핵심 부서인 영업부의 직원으로서 '영업'은 '영리를 목적으로 하는 사업 또는 그런 행위'라고 사전에서는 정의하고 있다. 그리고 다른 곳에서 영업에 대한 정의를 들어보니 평생 영업현장에서 잔뼈가 굵은 필자가 판단하기에도 알아듣기 힘든 용어나 말로서 현실에서는 실현하기 불가능한 것을 설명하고 있기도 하다. 무슨 말인지 이해할 수 없고 어찌하라는 것인지 정답은 어디서도 찾아볼 수 없다. 그러니 이제 막 학교 졸업 후 일반회사의 영업 조직에 발을 들여놓거나, 영업에 관심이 있는 신입사원들이 글로 정의하고 있는 것을 읽고 그에 맞추어 영업현장이나 거래처에서 상황에 맞게 적절히 영업활동을 하기란 정말 어려울 것이란 생각이 든다.

위에서 잠시 언급한 것처럼 사실 대한민국에는 여러 가지의 많은 영업 행태들이 있다. 아니 어찌 보면 사회활동 모든 것들이 전부 영업이라 할 수 있을 것이다. 우선 아주 쉽게 길을 걷다가 보이는 모든 가게, 점포들이 결국 모두 다 영업활동을 열심히 하고 있고, 기업체의 경우는 더욱 그렇다. 모든 기업체에서도 이제 제대로 된 영업부서 없이는 더 이상 초일류 기업이 될 수 없는 상황까지 이르렀다.

사실 오래전만 해도 제품 하나만 제대로 만들어도 인기를 끈다든지, 아니면 독특한 특별한 마케팅 활동으로 특별한 영업활동이나 영업력 없이도 상당한 매출을 올릴 수 있었으나, 얼마 전부터는 회사는 아무리 좋은 제품이나 획기적인 제품을 만들어도 거래처의 전폭적인 협조 없이는 소비자에게 좋은 제품을 전달하기는 매우 어려워졌다. 즉 예전에 기업체나 자영업을 하는 사업자들은 제조업체와 소비자가 직접 연결되는 구조로서 소비자가 특정 가게나 점포 등 특별히 지정된 장소와 특정한 방법으로 제조업체와 연결하여 영업활동과 유통활동이 동시에 이루어졌지만, 언제부터 점점 서로 전문화되면서 제조업체는 계속 좋은 제품만을 만들고, 판매회사는 판매만 전문으로 하게 되는 특별한 유통회사가 생기게 되었다. 점점 이러한 기업들이 더 전문화되고 특화되어 공룡처럼 덩치가 커지게 되면서 월마트, 까르푸와 같은 세계적으로 유명한 초대형 유통업체들이 생겨나게 되었다.

그래서 초대형 유통업체는 자신들의 유통망을 이용하여 전문화된 우수한 인력과 그들만의 판매 노하우, 운영방식 그리고 또 매장 안에서의 자기들만의 특별한 진열 위치, 진열 장소, 진열 방법, 진열 사이즈의 규격화를 이루어 결국 제조업체의 상품에 대하여 행사 위치, 행사 방법, 행사 규모 등을 조절하고 결정함으로써 제조업체의 판매력과 영업력에 많은 영향력을 미치게 되었다.

그렇게 되면 결국, 제조업체 입장에서는 아무리 좋은 제품을 만들었다 하더라도 유통업체를 통하지 않고서는, 유통업체와의 파트너십 없이는 소비자들에게 충분히 자신의 제품들을 알리고 판매할 수 있는 경로와 기회가 줄어들게 되므로, 제조업체 입장에서는 제품들의 판매와 인지도 향상을 위하여 이러한 초대형 유통업체에 대한 영업활동을 강화하지 않으면 안 되게 되었다. 그래서 언제부터인가 각각 기업체들은 영업부서를 회사 내 핵심 부서로, 그 회사가 향후 성장을 해나가는 데 있어서 가장 중요한 핵심 부서로서 점점 더 인식하는 실정이다.

4. 선수들의 영업

무슨 일을 하든지, 무슨 운동을 하든지, 무엇을 만들든지 간에 그 일을 오랫동안 계속적으로 하고 잘하게 된다면 누구든지 그 일에 대해서는 나름의 노하우가 생길 것이다. 영업도 오랫동안 나름의 성과를 만들면서 잘 하다 보면 자기만의 공식 같은 방법이 생기는 것처럼 말이다. 필자는 가끔 텔레비전의 다큐멘터리 프로그램을 보거나 아니면 영화에서 아주 멋진 송골매나 물수리 같은 맹금류가 하늘을 멋지게 날아다니는 모습을 본다. 너무나 멋지다는 것을 넘어 아름답고, 위풍당당하게 비행하는 모습을 보면 정말로 한눈에 반할 정도로 그 매력에 흠뻑 빠지곤 한다. 그러면서 궁금하기도 하고 신기한 것이 있다. 도대체 저렇게 덩치가 큰 맹금류들이 날갯짓도 한 번 안 하고 퍼덕이지도 않으면서 두 날개를 활짝 펼친 채, 날개를 움직이지도 않고 하늘 높이 제자리에서 빙빙 돌면서 어떻게 저렇게 높고 멋지게 이쪽 끝에서 저쪽 끝까지 우아하게 날아다니면서도 그 먼 곳에서 먹잇감을 발견하게 되면 쏜

살같이 날아와 한 방에 먹잇감을 쟁취할 수 있을까?

날아 다니는 듯 아닌 듯 유유자적하다가도 어떤 목표물을 발견하면 집중력 있게 물 속이나 숲 속으로 쏜살같이 뛰어들어 한 방에 자기의 목표를 달성하는 것이다. 반면에 동네에서 자주 보이는 비둘기나 참새의 경우는 날개가 안 보일 정도로 빠르게 열심히 날갯짓을 하면서 앞으로 나아간다. 오두방정을 떨듯이 이리저리 옆에서 날아다니는 모습을 보면 보는 사람이 정신이 혼미해질 정도다. 참새가 맹금류보다 더욱더 열심히 날갯짓을 많이 하지만 모든 것이 맹금류와는 비교도 안 된다.

필자는 송골매와 참새가 하늘을 날아가는 모습의 차이를 보면 아주 오래전에 영업부에서 일하던 여러 사람들의 모습이 떠오른다. 어느 영업사원 누구는 마치 송골매나 물수리가 하늘을 날아가는 것처럼 멋지게 보이면서, 여유 있게 직장생활을 즐기고, 영업 실적에 대한 스트레스도 거의 없는 듯이 보인다. 그러면서도 거래처로부터 영업사원으로서 대접도 받으며 쉽게 멋지게 영업을 즐기면서 하는 사람이 있는 반면에, 또 다른 어느 영업사원은 마치 참새처럼 하루 종일 아주 바쁘며, 노트북 앞에서 계속 정신없이 퍼덕이듯이, 마치 참새의 날갯짓을 보는 것처럼 아주 바쁘게 전화하고 거래처를 왔다 갔다 하면서도, 매월 말일만 되면 영업실적을 달성 못 해서 스트레스를 받는다. 그래서 또 실적 달성 못 하면 사유 적는다고 또 쩔쩔매면서 늘 스트레스받으면서 영업하던 사람들이 떠오른다.

이 둘, 즉 맹금류와 참새의 차이가 뭔지를 생각해보면 결국 하늘의 기류를 이용할 줄 아는가 아닌가의 차이가 아닐까 생각한다. 즉 방법을 아느냐 모르냐의 차이다. 일반적으로 맹금류 종류들은 올라가는 난기류를 타면서 올라가고, 내려가는 냉기류를 타고 내려가면서 이것을 반복하면서 쉽게 쉽게 기류를 타고 그것을 이용하면서 비행한다. 반면에 참새는 기류를 이용하지 못하니 오로지 날개의 힘으로만 날갯짓을 열심히 해서 비행해야 한다고 한다. 흔히들 머리가 나쁘면 손과 발이 고생한다고들 하는데, 지금 그 말이 생각난다. 똑같은 재료로 음식을 만들어도 누구의 것은 맛있고 누구의 것은 맛없고, 똑같이 팔다리를 열심히 저으면서 수영을 해도 누구는 쑥쑥 앞으로 나가고, 누구는 거의 안 나가면서 제자리에서 빙빙 도는 것이다.

즉 다시 말해서 영업하는 방법과 핵심을 아는 자와 모르는 자, 음식에 재료를 넣는 순서와 시간 즉, 골든타임을 아는 자와 모르는 자, 팔과 다리를 흔드는 각도와 수영의 영법을 아는 자와 모르는 자, 영업목표를 달성하는 자와 달성 못 하는 자의 차이가 아닌가 생각한다. 작은 차이, 즉 조금 알고 모르는 차이가 결과로는 아주 큰 차이를 만들어낸다. 그래서 이 작은 차이로 고수와 하수, 전문가와 비전문가 그룹으로 나누어지는 것이다. 물론 덩치나 날개의 사이즈 등 여러 가지 태생적인, 선천적인 차이와 다른 이유도 있겠지만 여기서는 그걸 말하고자 하는 것은 아니다.

맹금류들이 멋지게 하늘을 나는 방법을 알고, 그렇게 하늘을 날듯이 영업도 나름대로의 길이 있고, 하는 방법이 있는 것이므로 그 방법을 아는 영업사원은 우아하고 멋지며, 나름 즐기면서 영업을 할 수 있는 것이다. 반면에 방법을 모르는 영업사원들은 마치 참새나 비둘기처럼 매일 야근하면서 열심히 매장만 왔다 갔다 하면서도, 성과가 없는 영업을 하는 것 같다.

5. 자기 상황 파악

무슨 길이든지 빨리 갈 수 있는 지름길이 있고, 무엇이든지 좋은 방법이라는 게 있다. 어떤 운동을 배우더라도, 먼저 체력을 기른 후에 기술을 배워야만 실력 있는 운동선수가 되듯이, 영업도 먼저 영업하는 방법과 주변 여건 등의 정보를 확인하고 나서, 실질적인 영업활동을 해야 좀 더 효율적이고 성과 있고 의미 있는 활동을 할 수 있는 것이다.

이 글을 읽는 특히 영업하는 분들이라면 모두 한 번 생각해볼 필요가 있다. 자신의 일하는 방식과 스타일이 송골매나 물수리인가? 즉 맹금류인가 아니면 동네 참새인가? 혹시 당신도 동네 참새처럼 날갯짓하듯 매일 야근하면서 하루 종일 컴퓨터 자판만 두들겨야 할 만큼 너무 바쁘면서도 월말만 되면 실적에 허덕이고 자기의 영업성과가 뭔지, 자기가 뭘 해야 하는 사람인지도 모르면서 그냥 앞에 떨어진 일만 하는 그런 영업사원은 아닌가 말이다.

혹시 그럴지도 모른다고 의심이 들면 본인의 영업 성향을 스스로 잘 진단해보길 바란다. 아니 본인이 자기 스스로를 진단하는 것은 매우 어려운 일이므로 주변 동료나 아니면 자기의 상사에게 도움을 청하여 자기의 일하는 스타일과 자세를 먼저 점검하는 것이 좋다. 즉 먼저 자기의 영업, 업무 스타일을 진단해보고, 그래서 어떤 기회 요소가 생각난다면 그에 맞는 처방을 하면 된다.

거래처와 많은 시간을 함께해야 하는 외부적인 역할에 좀 더 집중해야 할 영업부 직원이 하루 종일 사무실에서 뭘 하는지, 왜 해야 하는지도 모르면서 내부적인 일에만 매달리며 밤늦게까지 일하고 집으로 돌아갈 때

'나는 오늘 정말로 열심히 일했어!' 하고 자기 스스로 만족해하고 대견해하면서, 자기 일을 잘하는 것으로 생각하는 영업사원이 있다면 이 또한 영업 하수일 뿐이다.

외부 거래처를 못 만나는 것을 안타까워하고, 내부적인 일은 가능한 한 최소화 해야 할 것이다. 영업은 자기 책상에서 서류를 보면서 하는 것이 아니다. 매장에서 거래처 사람의 눈을 보면서 거래처의 이득을 말하는 것이다. 그리고 자기의 역할이 뭔지를 생각해 보고 그 역할에 맞는 일을 해야 한다. 자기의 역할에 따라서 만나야 하는 외부 사람이 달라지고, 더욱이 그 사람과 파트너로서 영업을 계속해야 하는 영업부의 경우는 더욱더 그러한 것이다. 자기가 선수인지, 코치인지, 감독인지를 정확히 이해해야 한다는 것이다. 선수는 선수의 역할이 있듯이 감독은 감독의 역할이 있는 것이다.

많은 부분 자기 진단을 잘못하는 경우의 첫 번째가 자기가 누구인지를, 자기의 역할이 무엇인지를 정확히 몰라서 '오진'하고 그에 따른 '처방'을 하는 경우이다. 오진을 하고 그 오진에 따라 처방을 했으니 병이 고쳐질 수 없는 것이다. 선수가 선수의 역할을 안 하고 감독의 역할을 해도 안 되지만, 감독이 감독의 역할을 안 하고 마치 선수처럼 일한다면 이는 영업부에서는 더욱더 안 좋은 것이다. 전략과 전술은 감독이 알려주고, 그것을 행동으로 실천하는 것은 선수인데, 그런 실천하는 행동을 단 한 번 아니 잠깐이라면 몰라도 계속해서 연속적으로 몸이 늙은 감독이 현역 선수보다 더 잘할 수는 없는 것이다. 아니 현역 선수가 실력이 조금 부족해 보인다고 해서 감독이 선수의 역할을 하려고 하면 그 선수는 위축되고, 존재감을 잃어서 그 팀은 계속 힘들어질 것이다. 감독은 자기 팀에 맞는 전략과 전술을 만들어내고 생각해 내서 자기 팀의 현역 선수들이 잘 행동하고 실천할 수 있도록 가이드해 주면 되는 것이다.

그리고 감독은 자기가 축구감독인지 야구감독인지 헷갈리면 안 된다. 축구 선수가 수영복을 입고 축구장에 들어가면 안 되고, 공을 손으로 잡아야 하는 건지 발로 차야 하는 건지를 구분 못 하면 안 된다. 또한, 감독은 현역 선수들이 뛰어야 할 운동장에 마치 자기가 선수인 것처럼 착각해 선수들의 플레이를 훼방 놓고 있지는 않는지 생각해 봐야 할 것이다. 운동장 안에 들어가면 어찌 되었든지 체력이 부족한 감독은 현역 선수보다 더 잘 뛸 수는 없다. 그래서 그 팀은 상대편에게 질 수밖에 없다.

많은 권한을 가진 감독이 그 권한을 잘못 이해하고 남용하여 자기 팀 선수들의 역할까지 빼앗고 있는 것은 아닌지 생각해 봐야 한다. 약은 약사에게, 진찰은 의사에게, 감독은 전략을, 선수는 실천을 해야 한다. 영업의 분야가 너무 많아 꼭 꼬집어 이렇다 저렇다고 모든 사례를 말하기는 어려우나, 모든 영업의 근본은 같다. 자기의 사례를 생각해 보기를 바란다. 그리고 자기 자세의 어떤 기회 요소가 발견되면 우선적으로 주변의 좋은 분들에게 상담받고 처방받는 것이 필요하고, 적어도 자기의 스타일과 역할을 정확히 알고 영업을 시작하는 것이 중요하다.

2장 유통업체와의 생활용품 영업
이렇게 해라

유통업체와의 생활용품 영업 이렇게 해라

2장

남들과 다른 영업성과를 만들어 내려면

누구에게나 처음이라는 것이 있고 그 처음은 쉽지 않은 것처럼 필자가 회사에서 처음으로 영업본부로 발령 받아 담당한 첫 업무는 개인 독립 슈퍼마켓에 회사 제품인 생활용품들을 납품하는 것이었다. 사실 영업부서로의 출근 첫날, 영업의 영자도 모르면서 전임자로부터 담당할 개인 슈퍼마켓에 대하여 인수인계를 받고 나서 그리고 그 거래처에 전임자와 같이 방문해서 거기의 사장님을 만나고 나서 사무실로 돌아온 다음 필자는 바로 결심을 했다. '이건 내가 할 일이 아닌 것 같다. 아니 이건 내가 할 수 있는 일이 아닌 것 같다'라고 생각했다. 그리고 바로 다음 날 필자는 아무에게도 말하지 않고 무작정 아무 대책도 없이 회사에 출근하지 않았다. 나름 혼자만의 논리를 펴나가면서, 합리화 하면서 말이다.

사실 영업 첫날 슈퍼마켓으로 나가서 사장님들과 생전 처음으로 업무상으로서, 일로서 마주치며 그들과 함께 우리 제품을 팔아보겠다고 나름 영업을, 아니 대화를 하는데 어디서부터 어떻게 해야 하는지, 그리고 거기서 무엇을 말해야 하는지 지금도 그때를 생각하면 아주 막막했었던 것 같다. 무엇을, 어찌, 어디서부터, 어떻게 그들과 이야기하면 되는지? 그래서 생각하다 생각하다 어렵게 슈퍼마켓 사장님들에게 첫마디를 던진 게 "요즘 장사는 잘 되시지요?"였다.

그렇게 물으면 별다른 특별한 질문도 아닌데 바로 되돌아오는 싸늘하고 퉁명스러운 대답과 회사 입장에서는 도저히 받아들이기 힘든 말도 안 되는 큰 폭의 판매가격 할인이나 증정품 증정, 그리고 받아들일 수 없는 슈퍼마켓의 실수로 인한 심하게 파손된 제품의 반품과 같은 힘든 요구사항만을 한참 말을 했다. 그리고 자기의 요구사항을 들어주지도 않을 사람이 '바쁜데 왜 말 걸고 그래?' 하는 식의 대답만 돌아올 뿐이었다.

그렇게 필자는 짧은 시간이었지만 순간적으로 많은 고민과 갈등을 뒤로하고 또 결심하면서 바로 그 다음 날 회사를 아무 대책도 세우지 않고 무작정 안 나갔던 것이다. 그렇게 필자가 회사에 출근을 안 하고 머뭇거리던 와중에 필자와 친분이 있던 어느 분이 말했다. "회사는 계속 다녀야 해. 영업사원으로서 영업 하게 되면 자기에게 투자할 수 있는 개인 시간이 일반적인 다른 일보다 훨씬 많아 자기의 생각을 다시 한 번 명확히 정리할 수 있고, 만일 영업이 아닌 다른 직장을 구한다 할지라도 시간을 가지고 여유롭게, 천천히 많은 정보력과 함께 구해야지 자기에게 맞는 그나마 후회하지 않을 괜찮은 직장을 구하게 된단다"라고 말했다.

물론 나중에 다시 이야기하게 되겠지만, 영업을 하게 되면 외부로 돌아다니는 시간이 많아서 상대적으로 자유롭고, 개인 시간이 많은 것처럼 보이는 게 사실이다. 결국, 영업사원들은 이러한 시간들을 어찌 활용하는가에 따라서 승패가 갈리게 된다. 어떤 이는 이 시간을 아주 잘 활용하여 승승장구하며 많은 사람들을 만나서 자기계발을 계속 일구어 나가는 계기로 삼기도 하고, 또 어떤 이는 외부의 유혹을 이기지 못하고 이런 시간을 잘못 활용하여 자칫 패가망신의 길로 접어들게 된다.

결국, 영업이란 자기관리가 중요하다. 외부에서 많이 일하는 직업이라 어느 사람들이 보면 영업사원들이 밖에 나가서 열심히 일하는지, 아닌지, 뭘 하는지 모르는 것 같지만, 현재 매니저로서 일하는 필자의 입장에서 보면 너무나 쉽게 어느 영업사원이 열심히 일하는지 아닌지 아주 쉽게 파악할 수 있다. 결국, 영업부에서 열심히 일하고 안 하고는 여러 가지 측면에서 쉽게 티가 나기 마련인데, 영업은 하루하루의 결과가 아무리 열심히 하루 종일 일했다고 해서 그 성과가 바로 눈에 보이는 것이 아니라 하루하루를 열심히 최선을 다해야만 비로서 그 좋은 결과가 나중에 한 방에 몰아서 돌아오는 경우가 많다.

지금 즉시 열심히 땀을 흘려 씨를 뿌려도, 시간이 지나야만 그 열매를 딸 수 있는 것처럼 영업도 그렇다. 예를 들면 백화점 영업을 하는 분들에게 "백화점 매출을 올리는 데 있어서 가장 중요한 요소는 무엇인가요?"라고 물으면 아마도 대부분 '위치, 자리'라 말할 것이다. 그만큼 백화점에서 제품판매를 위한 좋은 자리를 확보하는 것은 매출을 올리는 데 있어서 가장 중요한 요소이다. 그리고 이것은 백화점을 담당하는 영업사원에게 가장 중요한 역할이 되는 것이다. 그러나 실상은 백화점에는 아주 유명한 외국 브랜드이면서 아주 잘나가는 브랜드들이 즐비하고 더욱이 매년 잘 나가는 신규 브랜드들이 추가로 입점되야 하므로 기존에 운영되던 대부분의 보통의 브랜드들은 좋은 자리는커녕, 현재 자리도 유지하기가 매우 힘든 것이다. 그만큼 경쟁이 매우 치열하므로 좋은 자리와 넓은 자리를 차지하는 것은 백화점에서 영업하는 모든 영업사원들의 큰 고민거리이자 숙제일 것이다.

그래서 백화점에서 영업하는 영업사원의 입장으로서는 좋은 자리를 차지해야 하는데 상식적으로 매일매일 열심히 일해서 거의 매일 백화점 담당자들과 매출증진을 협의하고 협력하는 영업사원과 2~3년 만에 한 번씩 백화점의 위치 변경이 있을 때만 백화점 담당자를 찾아 그때만 열심히 일하는 영업사원의 결과는 누구나 쉽게 생각할 수 있다. 즉 매일매일 열심히 일해야 비로소 2~3년 만에 한 번씩 눈에 보이는 영업의 큰 성과를 볼 수 있다.

이렇듯 회사의 영업사원으로서의 영업의 결과는 그 즉시 바로 나오지 않는다. 그래서 영업사원은 자기의 활동 시간을 얼마나 가치 있게 잘 보내는가가 중요한 것이고, 그것에 대한 결과와 보상은 시간의 차이는 있지만, 반드시 나중에라도 나오기 마련이다. 그래서 아무튼 필자는 결국 그 다음날 어느 분의 조언처럼 회사에 다시 출근하게 되고, 시간을 가지고 나의 진로를 다시 한 번 깊이 고민하면서 영업 업무를 다시 시작하게 된다.

그리고 그렇게 일주일쯤 지나고 나니 그 당시 내가 속했던 지점의 지점장님이 그달 목표의 중요성에 대해 중요하게 강조하시면서 말씀하시는데 "어느 누구든지 이달 목표를 달성하면 그 달성하는 순간부터 이달 말까지 출근 안 해도 좋아!" 이러시는 것이다. 나름 자투리 시간을 내어 새로이 가야 할 길을 찾고 있었던 필자에게는 정말 좋은 제안이었다. 그래서 필자는 어찌하면 그달 목표를 빨리 달성할까를 본격적으로 고민하게 된다. 그리고 동시에 주변의 다른 영업사원들의 영업하는 행태를 보면서 영업에서의 목표 달성이 얼마나 어려운 것인가를 이해하게 되었고, 남들과 똑같은 영업 행태로서는 목표를 달성할 수 없다는 것을 이해하며 목표달성을 위한 혼자만의 고민을 거듭하게 된다.

도대체 '어찌하면 빨리 좋은 영업성과를 낼 수 있을까?' 보통 영업목표라는 게 전년 대비 110% 이상을 주는 것이 보통이므로 매월 이 숫자를 달성하기란 쉽지 않은 것이다. 그래서 필자는 기존의 거래하던 거래처보다는 거래 안 하는 신규 슈퍼마켓을 개척하는데 좀 더 전력을 다했다. 그 당시에는 열심히만 돌아다니면, 그래서 발품만 팔고 찾아다니면 우리와 새로이 거래할 만한 슈퍼마켓을 비교적 쉽게 찾을 수 있었고, 새로이 찾은 그 슈퍼마켓에는 필자와의 새로운 거래 시 발생하는 이점을 충분히 잘 설명함으로써 신규 거래선을 개설하는데 그리 어렵지는 않았다. 즉 새로운 거래를 할만한 신규 거래처를 찾는 것이 문제였지 찾기만 하면 신규 거래로 연결하는 것은 비교적 쉬웠다.

그리고 신규 거래선을 찾는 것은 얼마나 필자가 발품을 팔며 찾아다니는가에 달려있었던 것이다. 결과적으로 필자는 매월 2~3개씩의 신규 거래선을 개설할 수 있었고, 이렇게 새로이 거래되는 슈퍼마켓은 일반적으로 처음에 들어가는 처음 주문물량이 많으므로 처음 오더 물량만으로도 필자는 남들보다 쉽게 목표를 맞출 수 있었다. 그로부터 필자는 남들과는 다르게, 회사로부터 내려오는 나의 목표를 달성하기 위해 기존의 거래처에 애쓰기보다는 한 달에 2~3곳 정도 새로운 거래선을 만드는 것을 새로운 개인 목표로 삼아 영업하게 되었고, 나보다 먼저 영업을 시작한 많은 분들이 목표달성 때문에 힘들어할 때, 필자는 상대적으로 영업실적에 대한 스트레스가 거의 없이 쉽게 영업활동을 해왔다.

그 당시에는 정말로 이런저런 이유로 회사와 거래를 직접 하지 않는 개인 슈퍼마켓들이 많았었다. 상대적으로 발품을 팔며 남들보다 훨씬 더 많이 찾아다니기만 한다면 신규 거래선들을 찾아내기란 그리 어렵지 않았다. 문제는 얼마나 많이, 남들보다 발품을 더 많이 파느냐였는데 이것은 열정으로 충분히 극복할 수 있었다. 즉 이것은 남들보다 조금 더 많은 열정으로 조금 더 고민하고, 남들과는 조금 다르게 접근해서 상대적으로 좋은 성과를 만들어냈던 필자의 하나의 사례일 뿐이다.

작은 행동이었지만 분명한 것은 남들과 똑같이 해서는 남들보다 더 좋은 성과를 낼 수 없다는 것이다. 본인들이 처한 영업환경에서 어찌하면 남들과 다른 방법을 찾을까를 끊임없이 생각해야 한다. 또한, 예를 들면 영업 상황상 회사에서 팔 수는 있으나, 남들이 팔지 않는 다른 특별한 품목을 회사 내에서 찾아내 거래처에 팔려고 시도해본다든가 아니면 남들과 다른 방식으로 판촉행사를 시행해본다든가 등이다. 계속해서 찾는 자만이 찾게 되고, 시도하는 사람만이 원하는 것을 달성하게 되는 것이 바로 영업이다.

풀리지 않는 영업 문제 풀기

끊임없이 생각하고 고민하면 방법은 나오는 듯하다. 필자는 지금도 습관적으로 영업을 하다가 어떤 일이 심하게 막히면, 가슴이 파헤쳐질 정도로 혼자서 깊게 생각하고 또 깊이 생각하며 고민 한다. 그래도 안 풀리고 어떤 실마리를 찾지 못한다면 혼자 조용히 자주 가는 경치 좋은 곳으로 차를 몰고 가서, 한참 동안을 멍하니 경치 좋은 풍경을 처다보면서 또 그 일만을 생각하고, 생각하며 또 가슴이 다 닳아서 헤지도록 고민하고 고민한다. 지금까지는 이렇게 아주 깊게 고민하고 나면 어느 정도 나만의 해결책을 찾아왔던 것 같다.

즉 영업은 사람들이 하는 것이므로 깊게 고민하고, 생각하면 어느 정도의 실마리를 찾는다. 요즘도 신입사원들이 입사하게 되면 필자는 가끔 그들을 데리고 주변의 마트에 같이 가곤 한다. 영업이라는 것이 매번 남들과 똑같지 않고 다르게 생각할 수도, 다르게 접근할 수도 있다는 것을 알려주고 생각지도 못했던 곳에서 어떤 어려운 문제의 실마리를 찾을 수 있다는 것을 보여주기 위함이다.

필자는 보통 신입사원들과 함께 마트에 도착하면 아무런 이야기도 않고 그 마트 건물의 지하 1층부터 지상층 꼭대기까지 장난감 매대든 아기 옷이든 세제든 브랜드와 품목에 관계없이, 마트 안에 있는 거의 모든 전 품목을 아주 천천히, 마치 모든 제품과 모든 매대들을 그 마트 사장님이 훑어보듯이 천천히 아무 말 없이 돌아본다. 그리고 마트 밖으로 나오게 되면 직원들에게 질문한다 "여러분 지금부터 모두 하나씩만 자기들이 이 마트 안에서 본인이 본 가장 기억나는 판촉행사를 아무거나 말해보고 그 행사 품목과 행사 형태를 말해보세요." 그러면 신입사원들마다 대답이 모두 제각각이다. 어떤 사원은 삼겹살의 판촉행사가 기억이 남는다고 이야기하고, 또 어떤 사원은 장난감의 판촉행사가 가장 기억에 남는다고 하고 여러 가지의 대답이 나오면 그때 필자는 다시 이야기한다. "자 모두 좋고요. 지금 이야기하신 품목과 판촉행사 방법에 우리가 앞으로 팔아야 할 상품들을 적용해서 우리도 그렇게 소비자들이 여기 마트 안에서 제일 기억날만한 특별한 판촉행사를 할 수 있을지를 생각해 보세요."

우리의 영업과는 전혀 다른 품목으로서 이런 제품들과 같은 방법으로의 판촉행사를 생각할 수도 없고, 매번 우리와 비슷한 제품들의 판촉행사만 보고 그 방법만이 익숙해져 있어서 새로운 판촉방법이 없을 듯하고 그다지 실현 가능성도 없을 듯하지만, 실현 가능성은 뒤로하고 기발한 판촉방법이 제법 쏟아져 나온다. 이렇게 남들과 다른 방법을 계속 찾다 보면 결국 찾아진다.

　남들과 다른 영업방법은 비단 '판매'에만 국한되는 것이 아니라 대금의 '수금'의 경우에서도 찾아볼 수 있었다. 영업에서 판매도 판매지만 또 다른 가장 중요한 것은 판매대금의 수금이다. 기껏 어렵게 매출을 달성해도 수금을 할 수 없다면 이 또한 너무나 바보 같은 일이다. 요즘은 직거래처는 영업사원들이 수금을 직접 안 하고 회사와 회사가 직접 입금하고 받고 있지만, 옛날 방식처럼 판매자와 거래처가 직접 거래와 같은 영업을 하거나 지금의 대리점들이 그들의 거래처와 거래 시에는 아직도 많은 영업사원들이 특별히 수금일로 지정된 날에 거래처나 슈퍼마켓을 직접 방문하여 입금표를 작성해 주고 수금을 직접 한다. 이 또한 영업사원으로서는 매우 중요한 일이고 쉽지 않은 일이다.

　실제로 오래전에는 영업사원으로서의 큰 역할 중의 하나는 그리고 가장 어려운 일 중에 하나는 수금을 잘 해오는 일, 즉 거래하는 슈퍼마켓의 부도나 파산으로 인해 수금을 못 해오는 일을 안 당하는 것이었다. 몇 년, 몇 달을 아주 서로 관계 좋게 거래를 하다가 갑자기 슈퍼마켓이 하루 저녁에, 새벽에 문을 내리고, 즉 어제 오후에 슈퍼마켓을 방문했을 때만 해도 멀쩡히 잘 장사하던 슈퍼마켓이 그 다음 날 아침에 방문하면 셔터가 내려져 있고, 슈퍼마켓 사장은 감쪽같이 사라지고, 그 자리에는 처음 보는 책임을 물을 수 없는 새로운 사장이 나타나 있는 경우이다. 영업사원으로서는 황당하기도 하고, 일정 부분은 수금에 대한 책임을 져야 하므로 이것은 매우 중요한 일이었다.

　좀 더 살펴보면 그 당시 영업사원들이 대부분의 슈퍼마켓으로 물건을 공급하고 그 물품 대금을 받는 수금일은 보통 매월 25일이었다. 근데 일부 슈퍼마켓 주인들은 23일까지는 물건을 정상적으로 주문하고 24일 오전까지 물건을 정상적으로 받다가, 수금하는 날인 25일 새벽 갑자기 셔터를 내리고 한밤에 사라지는 일이 많은 그런 상황이었다. 영업사원으로서는 어제까지 그런 슈퍼마켓 사장과 통화하고 물건 납품해 주고 오늘 방문하라 해서 방문해 보니 어제까지 열려있던 슈퍼마켓 셔터가 닫혀있고, 슈퍼마켓 사장은 사라지고 밤사이에 그 슈퍼마켓을 다른 사람에게 양도하여 하룻밤 사이에 주인이 바뀌어 있어 그동안 납품한 물품 대금을 받을 수 없는 황당한 경우가 발생하게 된다.

이것은 아마도 이 당시 거의 모든 생활용품 영업사원들의 공통된 걱정거리이고 골머리를 앓는 것이었으나, 결론적으로 필자는 영업하는 동안 단 한 번도 이 같은 부도사태를 맞지 않고 영업했던 운 좋은 영업사원이었다. 그 당시 필자는 이 문제를 누구보다도 중요하게 생각했고 많이 고민했다 그리고 고민 후 얻은 결론은 대부분의 몰지각한, 의도적으로 부도를 내거나, 몰래 도망치는 슈퍼마켓 주인들은 23일까지 때론 24일까지 물품을 주문한 후 최대한 물건을 받을 수 있을 만큼 받고, 그 물건을 받은 다음에 거의 모든 업체의 수금 일이 모두 몰린 25일 오전 바로 전인 24일 저녁이나 25일 새벽에 부도를 내고 사라지는 것이므로 필자는 수금 일을 대부분의 다른 회사 영업사원들 수금 일인 25일 오전이 아닌 하루 이틀 앞당긴 23일 정도로 수금계약을 체결하고자 최선을 다했고, 특히 자금에 대한 소문이 나쁘고, 평소 수금이 잘 안 되고, 지연되는 슈퍼마켓의 경우는 더욱더 수금 일을 다른 날로 앞당기려고 모든 노력을 다했다. 즉 대부분의 안좋은 부도는 최대한 물건을 당길 대로 당길 수 있는 수금 일이 거의 다 몰려있는 25일에 발생하는 것이었다.

최선을 다해 남들보다 며칠 빠른 23일 정도로 거래처와 수금 일을 계약한 필자는 그래서 다른 영업사원들보다 상대적으로 안전하게 마음 편히 영업활동에 전념할 수 있었고 단 한번의 부도도 맞지 않았다. 즉 남들은 거의 모두 관행처럼 25일로 수금 일로 정하고 25일에 수금할 때 나는 23일 정도로 수금 일을 정하고, 그날에 수금할 돈을 남들보다 미리 수금함으로써 부도에 대한 위험을 조금이나마 대처할 수 있었다.

　즉 영업은 작은 변화와 작게 시작한 행동이 큰 결과를 만들어 내듯이 남들과 똑같은 방법으로는 더 좋은 성과를 만들어 낼 수 없는 것이다. 영업의 분야와 방법은 너무나 많으므로 일일이 구체적인 사례를 모두 말할 수는 없지만 분명한 것은 어느 영업이든지 그 영업의 시스템을 먼저 잘 이해하고, 문제점이 무엇인지를 체크하고, 그다음에 더 좋은 길, 다른 길을 깊게 고민하고 찾아본다면 남들과 다르게 영업하는 방법은 얼마든지 있다. 내 주변에서의 새로운 길은 나도 모르는 사이에 항상 새로이 생겨나는 것이고, 내가 발품 팔고 남들보다 더 열심히 찾아다닌다면, 전혀 안 나올 것 같고 없을 것 같은 그 새로운 길이 비교적 쉽게 찾아진다.

2장

핵심, 중심, 급소를 찾기

그래서 이렇게 저렇게 필자는 의도하든 의도하지 않았던 영업사원으로서 시작하게 되고 어느덧 한 달 가고 두 달 가고 그렇게 세월이 흘러가고 어느덧 남들만큼, 다른 영업사원들만큼 특별한 어려움 없이 비교적 남들보다 잘한다는 소리를 들으면서 좀 더 적극적으로 열정적으로 영업을 하게 된다. 그렇게 계속적으로 영업실적이 남들보다 조금씩 좋아지고, 영업에 대해 점점 자신감도 붙어가고, 영업이 뭔지 조금씩 알아갈 즈음, 필자가 속해 있던 영업지점에서는 그 당시 매출이 제일 크고, 매우 중요한 지역이었던 일산 지역 할인점 전부에 대한 영업을 필자에게 맡기게 되었다. 그렇게 되니 필자는 자연스럽게 지점 내에서 여러 영업사원들 중 가장 큰 매출을 책임지면서 영업활동을 본격적으로 시작하게 된다.

그때 필자의 담당 구역이었던 일산지역 할인점이라 하면 당시 이름만 들어도 모두 알만한 이마트, 마그넷(현재 롯데마트), 킴스클럽, 까르푸, 엘지마트, 마크로(구 월마트, 지금은 이마트), 그랜드 백화점 등의 쟁쟁한 거래처들을 직접 담당하며 본격적으로 나의 활동을 시작한다. 이때 필자가 영업사원으로서 가장 먼저 시작한 것은 나와 거래하는 유통업체에서 나에게 가장 중요한 사람이 누구인지를 파악하는 것이었고, 그 가장 중요한 사람이 각 매장의 담당들이라는 것을 알고 나서는 그 담당들이 어떤 성향을 가지고 어떤 영업을 하고 있는지를 파악하는 것이었다.

만일 누군가가 나에게 지금 회사 앞에 있는 처음 보는 작은 마트를 가리키며 오늘부터 그 마트를 담당하고 거기서 영업을 해서 실적을 당장 만들어 보라고 하면, 내가 아니라 나의 할아버지 아니 그 누가 와도 지금 그 마트에서 그럴듯한 영업실적을 만드는 것은 거의 불가능할 것이다. 물론 한 번 잠시 팔고 사라져서 다시는 서로 마주칠 일 없는 그런 뜨내기 영업이라면 가능해도 우리처럼 거래처와 계속적인 영업을, 지속적으로 상호 동반 상승하는 영업을 하는 큰 제조업체의 영업사원이라면 불가능할 것이다.

그러나 만일 그 작은 마트의 사장님이 우리 형이나 우리 아버지라면 어떻겠는가? 영업사원의 실적이라면 영업적인 매출도 매출이지만, 그 마트 내에서의 입점, 매대 등의 영업환경을 우리가 원하는 데로 구축해 놓는 것도 영업사원으로서는 큰 영업실적이다. 만일 그 작은 마트의 사장님이 우리 형이나 아버지라면 아마도 오늘 당장에라도 방문해서 우리가 원하는 것을 이루어 놓을 수도 있다. 그럼 그 차이점은 무엇인가? 우리 형이 사장일 때와 모르는 사람이 사장일 때의 차이점은 굳이 가족 관계라는 것을 뺀다 하더라도 상호 사업 파트너로서의 신뢰성과 파트너십은 누구보다도 단단하고 협력적인 관계라는 것이다. 그렇다. 모든 사업이 그렇지만 영업은 특히 상호 간에 신뢰를 바탕으로 상호 간 파트너십이 생긴 다음에 영업의 성과나 영업의 실적을 기대하고 그와 관련된 이야기를 해야 하는 것이다.

아무튼, 이때만 해도 할인점이라는 것이 한국에 생긴 지 얼마 안 되고 각각 유통업체들도 자기들만의 뚜렷한, 특별한 매출드라이브 전략이나 자기들만의 영업을 위한 특별한 계획보다는 무조건 저가격(EDLP, Every Day Low Price) 정책 하나로 비즈니스를 드라이브하던 시기였고, 이리하다 보니 각각 유통업체별로 상대방의 판매가격에 대한 상호 경쟁과 갈등이 매우 심했으며, 각각 유통회사들이 가지고 있는 고유한 자기들만의 판매, 영업 전략은 현장 영업을 담당하고 있던 나로서는 찾아볼 수가 없었다.

즉 그 당시만 해도 각각 거래처별로 매장을 담당하는 담당자의 생각이 그 할인점, 그 매장의 판매, 영업정책이고 또한 영업플랜이다 보니 그 매장 담당들의 생각이 결국 각각 거래처의 정책이고 원칙인 것처럼 움직여지며,

그것들을 바탕으로 판매, 영업활동을 해왔다. 즉 우리에게는 각 거래처의 담당이 거의 모든 것을 결정할 수 있는 가장 중요한 사람이었다. 그래서 그 사람들과의 상호 간 신뢰를 먼저 구축한 후, 비즈니스를 전개해 나가는 것이 가장 중요했다.

그러려면 각각 거래처에서의 매장 영업담당들이 무엇을 중시하는지, 무엇이 필요한지, 무엇을 원하는지 정확히 알아내야 하는 것이 가장 중요했다. 이것은 물론 지금의 영업활동에 있었어도 매우 중요한 것이다. 그래서 각각 거래처에서의 매장 영업담당들이 필요한 것과 중요하게 여기는 것들을 회사의 영업원칙에서 벗어나지 않는 범위 내에서 우리의 정책에 반영해 주면 우리가 원하는 것을 매장으로부터 잘 지원받을 수 있었다.

그렇지만 상식적으로도 각각 거래처에서, 매장을 담당하는 담당자의 성향과 그들이 중시하는 것과 필요한 것을 알아내기란 매우 힘든 것이었다. 즉 각각 거래처의 매장 담당자들과 어느 정도의 상호 간에 신뢰와 믿음이 쌓이지 않으면 이것을 알아내기가 매우 힘들고, 그래서 규칙적으로, 정기적으로, 정해진 시간에 매장을 방문하여 담당하는 분들과 진지하게 의견을 주고받으려는, 그러한 노력하는 모습을 보여주는 것이 가장 중요했다.

즉 결론적으로 영업사원으로서 비즈니스를 하려면 거래처 매장 담당의 영업성향을 파악하는 게 가장 중요한 것 중 하나이다. 이는 결국 제조회사의 영업사원이 그 담당 매장을 정기적으로, 주기적으로 방문하여 상호 간 파트너십, 릴레이션십을 쌓는 게 가장 중요하고, 이것을 잘하려면 영업사원들은 매월, 매주 거래처별 방문 계획표를 작성한 후 그 일정에 따라서 규칙적으로 방문해야 한다.

차츰 이것이 몸에 익숙하게 되면 그래서 각 거래처 담당자의 일정에 맞추어서 좀 더 미리 약속하고 좀 더 융통성 있게 매장 방문과 상담이 이루어진다면 이것은 상호 간의 신뢰를 이루는 가장 기본적인 것이 되는 것이다. 그래서 그것들을 바탕으로 거래처 담당과의 파트너십을 하나하나 쌓아나갈 수 있다. 그런 다음 영업사원들이 원하고 필요로 하는 것을 하나씩 하나씩 매장 담당과 협의하며 추가로 진행해나가야 한다.

영업사원이 마트 내에서 꼭 해 놓아야 할 일

제조회사의 영업사원으로서 각 매장 내에서 해야 할 일은 제품의 입점, 제품의 매대 진열, 제품의 행사 진행 그리고 매장 내에서의 가격 관리라 할 수 있다. 여기서 말하는 제품의 입점이란, 매장 건물 안으로 주문한 물품이 납품된 것만으로 끝마치는 것이 아니라 '소비자가 매장 안에서 그 제품을 구매할 수 있는 상태로 되어있을 때'를 말한다. 이는 물품이 매장으로 납품된다 해도 정상적인 장소에 진열되지 않고 창고라든지 아니면 소비자가 쉽게 구매할 수 없는 저 멀리 또는 저 높이 진열되어 있는 것이 아니라 제대로 된 정규 매대 안에 정상적으로 잘 진열되어 있어서 소비자가 제품을 쉽게 구매할 수 있는 상태에 있을 때 우리는 '입점'이라고 말하는 것이다. 즉 소비자가 정상적으로 구매할 수 없는 상태에 있다면 우리는 입점이라 말할 수 없다.

거듭 말하면 제품이 매대 안으로 들어와서도 소비자가 잘 찾을 수 없는 아주 높은 곳에 진열되어 있다든지 어떤 브랜드인지 알아볼 수 없도록 거꾸로 진열한다든지, 소비자가 쉽게 구매할 수 없도록 먼지가 수북히 쌓여 있다든지 하는 것들은 모두 정상적으로 진열된 것이 아니므로 즉 소비자가 구매할 수 있는 상태에 있지 않으므로 주문 오더가 들어와서 물건이 매장으로 납품되었다 하더라도 우리는 입점이라 할 수는 없는 것이다.

간혹 매니저로서 어떤 신제품의 입점 여부를 어느 영업사원에게 물어보면 "아, 네. 다 되었습니다. 어제 거래처로부터 오더 받아서 오늘 물건 입고됩니다"라는 대답을 듣게 되는데, 그렇다면 아직은 소비자가 구매할 수 있는 상태에 있지 않으므로 이것은 입점이 된 것이라 말할 수 없다. 매대 진열이라는 것은 그 제품의 지명도 그리고 그 마켓세어나 그 제품의 성장성에 걸맞은 위치 및 스페이스를 정상적인 매대 안에서 적절히 확보하고 진열된 상태를 말하는 것이다.

사람이 수영장 물에 들어가면 맨 처음으로 몸이 물에 뜨게 해 주는 마치 사람 몸통처럼 그 브랜드를 매장에서 자리 잡고, 지탱해주고 그 제품을 소비자에게 알려주는 가장 기본적인 역할을 하는 것으로서 매우 중요하다. 매장 내 판촉행사라는 것은 매장 내에서 특정 제품을 특별히 노출하여 소비자가 그 행사 제품을 좀 더 쉽게 발견하고 구매할 만한 마음이 들게끔, 그래서 프로모션 행사를 할 수 있는 특별한 공간에 진열해서 그 결과로 특별한 성과를 기대하는 것을 말한다.

보통 누가, 언제, 얼마나, 많이, 좋은 곳에, 넓게, 특별한 방법으로서 제품을 진열하는가가 중요한데 이것을 통해서 일정 부분 이상의 매출이 발생해야 영업의 가장 근본인 입점, 진열, 행사가 선순환하듯이 더욱더 견고히 되는 것이므로 영업에서는 매우 중요한 역할을 하는 것이다. 그래서 우리는 판촉행사는 물량이나 행사 비용 등 행사 준비를 위한 충분한 시간을 가지고 거래처와 충분한 협의를 거쳐서 거래처와 상호 간에 함께 만들어진 것만을 판촉행사라 하는데, 거래처와 상호 간에 충분한 협의 없이 급조되거나 한쪽의 일방적인 요청으로 진행되는 행사는 행사가 아니고 현재 있는 물량으로 현재 비어 있는 자리에 그냥 물건을 진열하는 일종의 좌판만이 될 뿐이다. 이러한 일방적인, 무리한 판촉행사의 진행은 그 제품과 영업사원에게 상처만을 남길 뿐이다.

또한, 어느 매장에 처음으로 하는 어느 제품의 입점, 매대 진열, 판촉행사는 거래처와 어느 정도의 파트너십을 근거로 한, 상호 동반 성장을 하고자 하는 상호 신뢰를 바탕으로 해서 시작되지만, 판촉행사를 통한 괄목할 만한 매출 증대 없이는 입점도, 매대 진열도 더 이상 견고히 할 수도, 확장할 수도 없는 것이다. 즉 다시 말해서 매장, 특히 할인점 내 판촉행사는 마치 수영장에서 수영하는 사람의 팔, 다리와 같은 역할을 하는 것으로서, 사람이 수영장 물에 제일 먼저 들어가면 몸이 처음으로 물에 뜨는 역할을 하고, 그다음에 팔, 다리를 열심히 잘 저어야만 몸이 가라앉지 않고 앞으로 잘 나가는 것처럼 만약 수영장에서 팔, 다리를 젓지 않거나 잘 젓지 못하면 처음에 물에 뜬 몸이 수영장 밑바닥으로 가라앉듯이 매장 내에서도 입점이 잘 되었고, 매대가 잘 확보되었다 하더라도 판촉행사의 결과가 잘 안 나와서 매출이 기대치 이상으로 나오지 않으면 결국 매대가 줄어들고 나중에는 퇴출당하는 것이다.

그리고 매장 내에서의 판매가격이란 그 판매 제품의 가치에 따라 적정 마진과 적정 가격이 유지되고 경쟁사의 제품과도 가격경쟁력을 유지해야 함은 물론이다. 판매가격에 대해서는 뒤에 조금 더 이야기하게 되겠지만 한 번 잘못 건드리면 통제할 수 없는 전염병과 같아서 신중에 신중을 기해 가격정책을 펴나가야 한다.

그래서 지금까지 열거한 4가지는(입점, 매대 확보, 판촉행사 진행, 적정 가격 유지) 대형마트 안에서 생활용품 영업을 시작하면서 모든 영업사원들이 가장 먼저 염두에 두어야 할 것들인데, 결국 지금 이야기한 4가지를 잘 이루려면 매장과 영업사원 간에 상호 신뢰, 파트너십이 가장 중요하고 매장과의 상호 신뢰, 파트너십이 없다면 매장 안에서의 이런 일련의 4가지 행동들은 잘 안 될 것이다. 매장 안에서의 정상적인 영업을 담당하려면 상호 신뢰 부분을 가장 먼저 생각해야 하므로 결국 이것을 포함한 5가지가(1+4) 영업을 시작함에 있어서 영업사원이 가장 제일 먼저 신경 써야 할 부분임에 틀림없다.

중요하므로 거듭 말하지만, 제아무리 영업의 달인일지라도 영업의 달인 할아버지일지라도 먼저, 거래처와의 상호 신뢰나 상호 파트너십 없이 영업에서 가장 중요하다고 말하는 입점이나 진열이나 행사나 가격을 하루아침에 완성시킬 수는 없다. 설사 이루어진다 해도 그것은 적극적인 영업의 완성이 아니라 소극적인 영업의 완성이며, 단기적인 것으로서 앞으로도 큰 영업의 성과를 지속적으로 기대할 수는 없는 것이다.

즉 제아무리 영업의 달인이라 하더라도 상당 기간 그 슈퍼마켓을 정기적으로 방문하면서 상호 신뢰를 바탕으로 파트너십과 릴레이션십을 구축하고 나서 그다음에 비로소 입점을, 매대를, 행사를, 가격을 이야기하고, 그것을 완성시킬 수 있다는 이야기다. 또한, 보통의 경우 영업의 기본이 이렇

게 완성되고 나면 이야기한 것처럼 행사품목을 통한 판촉행사를 통해서
매장 내에서 많은 매출을 발생시켜야만 그 완성된 영업의 기본을 오랫동
안 유지, 확대할 수 있는 것이다.

마트 내에서 많은 행사 매출을 일으키려면

    제조업체가 마트 내에서 판촉행사를 실시하여 괄목할 만한 매장의 매출을 발생시키려면 보통은 삼박자가 맞아야 많은 매출을 일으킬 수 있다. 여기서 말하는 삼박자란, 마트/매장의 담당자, 제조업체의 영업사원, 그리고 매장 안에서 행사를 담당하는 제조업체 측 직원이다.

    마트/매장의 담당자는 지하 창고나 외부에 쌓여있는 행사 물건들을 행사 매장으로 끌어올려서 많이, 넓게, 좋은 위치에, 오랫동안, 길게 진열해 주어야 하며, 영업사원은 그렇게 진열된 상품들을 소비자가 쉽게 집어서 포스 밖으로, 계산대 밖으로 즉 계산 완료를 시키기 위해 행사 기획을 잘 준비해야 하며, 매장 안의 행사 직원은 준비된 플랜들을 제대로 잘 실행하여야만 많은 매출이 발생할 것이다. 즉 직원은 매장에서 우리의 소비자들을 직접 만나는 사람으로서, 우리 제품을 잘 설명하고, 거기에 맞는 카운셀링을 잘해야 한다.

이렇게 세 사람이 호흡을 잘 맞추어 각자 자기 역할을 충실히 잘했을 때, 그 매장의 판촉행사 매출은 기대 이상으로 올라갈 수 있을 것이다. 사실 영업실적의 부진에는 여러 가지 원인이 있을 수 있으므로, 만일 어떤 영업부서에서 어떤 사람이 어떤 매장을 담당하는데, 평소 대비 매출이 갑자기 많이 부진하다면 이는 우선적으로 영업사원으로서 매장 내에서 제일 중요시해야 할 상기 열거한 영업의 근본 5가지를 체크해 보아야 한다.

만일 입점 상태, 매대 진열 상황, 행사 진행 상황, 적정 가격 체크 그리고 거래처와 파트너십들이 매장 내에서 원활히 잘 진행되고 있는지를 먼저 체크하고 비교적 잘 진행되고 있는데도 그 매장의 매출이 잘 이루어지지 않는다면, 그 매장의 매출 부진의 이유를 더 이상 영업부에서 찾는 것은 시간 낭비일 것이다. 이는 제품이 잘 팔릴 수 없도록 제품을 잘못 만들거나, 물건 공급이 잘 안 되거나, 거래 조건이 이상하거나 하는 등의 이유 즉 마케팅이나 다른 부서 또는 다른 곳에서 그 원인을 찾아야 하거나 아니면 다른 외부적인 것에서 찾아야 한다.

즉 평상시에 매월 보통 월 1,000만 원의 매출을 올리는 매장인데 어느 날부터 갑자기 매출이 갑자기 월 800만 원으로 줄어든다면 이 매장을 담당하는 영업사원은 영업을 잘한 것일까? 잘못한 것일까? 필자의 대답은 '현재로써는 잘 모른다'이다. 영업실적의 하락은 여러 가지의 원인이 있을 수 있으므로 영업부의 관리자로서 현장 즉, 매장을 직접 방문해 보지 않고 서류적인 책상 위의 숫자만 보고 단순히 영업을 잘한다, 잘못한다고 말할 수는 없다.

즉 먼저 그 매장 주변의 환경을 잘 살펴야 하는데, 그 매장 주변에 어떤 다른 큰 매장이 새로이 생겼다든지 주변의 큰 공사로 인해 매장의 메인 통로가 없어졌다든지 등의 어떤 주변 환경의 변화, 또는 그 매장 자체적으로의 특별한 이슈로 인한 자금 압박, 매장 내 직원들의 인사이동 아니면 새로운 회사나 브랜드의 매장 진입 등의 특수한 내부 사정의 변화로 인하여 월평균 1,000만 원 매출의 매장이 매장 안팎의 주변 환경의 변화로 인해 월 500만 원밖에 팔 수 없을 지경인데도 월 800만 원이나 파는 것인지, 아니면 반대로 주변에 대형 아파트 단지들이 새로이 생기고 도로가 새로 열리고 초대형 아파트 단지가 새로 건립되어 새로운 주변 환경상 아무리 못 팔아도 1,500만 원 정도는 팔 수 있을 것 같은데 월 800만 원밖에 못 팔고 있는 것인지는 그 해당 매장을 직접 방문해 보지 않고는 쉽게 알 수 없는 것이다.

만일 어떤 영업부서의 리더로서 아니면 선배로서 이러한 주변 환경의 변화를 고려하지 않고 단순히 매출이 올라갔든 내려갔든 변동된 것만의 결과만을 가지고서 그 해당 영업사원과 매장을 평가한다면 이는 분명 잘못된 평가일 경우가 많을 것이고 결국, 전체 영업조직에도 부정적인 영향력을 미칠 것은 분명하다. 그리고 또한 만일 관리자가 그 해당 매장을 방문하였는데 여러 기본적인 부분에서 부정적인 기회 요소가 보여서 그 해당 매장의 매출이 월 1,000만 원에서 월 800만 원 수준으로 떨어질 수밖에 없는 것으로 보여진다 하더라도 그 자리에서 그 해당 영업사원에게 바로 책임을 묻기보다는 그 매장 담당 영업사원과 함께 어떤 부분이 매장 매출의 상승 기회 요소인가를 상기 열거한 5가지를 중심으로 중점적으로 먼저 살펴봐야 한다. 그리고 만일 어떤 기회 요소가 보인다면 이를 매장 담당 영업사원과 함께 확인하고, 동시에 각각 개선할 수 있는 방안을 또한 알려 줌과 동시에 점차로 개선해 나갈 수 있도록 영업사원으로서 해야 할 사항을 정확히 지시해야 한다.

그리고 나서 리더는 나중에 다시 그 매장을 재방문하였을 때, 자기가 지시한, 알려준 사항이 제대로 이루어졌는지를 해당 영업사원과 함께 매장에서 다시 확인해야 한다. 만일 상위 매니저가 지시한 것처럼 매장 내에서 영업환경이 제대로 개선되어 있다면 매출이 갑자기 월 1,000만 원에서 월 800만 원으로 빠졌다고 해도 이는 결코 그 해당 영업사원의 잘못은 아니며, 이것은 어떤 영업환경이 변했거나 판매하는 물건을 잘못 만들거나 아니면 물건 판매정책을 잘못한 것이라 생각되므로 해당 영업사원에게 더 이상 매출 하락에 대한 책임을 묻기는 힘든 것이다.

반대로 매장 내에서 기회 요소를 찾아서 해당 영업사원에게 명확히 지시하고 나서 나중에 다시 재방문하여도 변한 것이 거의 없다면 그때는 그 해당 영업사원에게 말을 해야 한다. "자네가 이러니깐 매출이 떨어지고 매월 목표를 못 달성하지"라고 말이다. 이렇듯 영업은 살아있는 생물과 같아서 한 마디 한 마디를 해도 해당 영업사원들의 사기를 고려하여야 하며, 영업사원의 질책 시에는 영업사원이 이해할 수 있는 이유와 논리가 있어야 함은 매우 중요한 사실이다. 왜냐하면, 만일 내가 어떤 영업사원을 혼낸다면 이는 그 영업사원이 미워서가 아니라 내 마음은, 내 목적은 다음부터는 그러지 않았으면 하는 마음에서 혼내는 것이므로 그 영업사원이 매출 부진 이유를 알고, 개선할 수 있도록 해 주는 것에 초점을 맞추어야 한다.

영업은 행동과 태도 그리고 마음가짐이 매우 중요하다. 대부분의 영업사원들이 거래처에 가서 거래처 직원들과 상담을 하면 10번 중 7~8번은 안좋은 이야기를 듣고 온다. 그런 영업사원들이 사무실로 복귀했을 때 선배나 매니저가 앞, 뒤 상황 안 묻고 그 사람들의 결과에 대해서만 질책한다면 그 영업사원들은 마음적으로 갈 곳이 없을 것이다.

옛말에도 군대에서 훈련은 견뎌도 내무반 생활이 힘들면 군대생활을 견디기 힘들다는 말처럼, 내부 직원으로서의 존중과 배려는 영업부에서 매우 중요하다. 같이 영업하는 사람들의 마음을 배려하지 못한다면 그 영업부서의 실적은 좋아지지 않을 것이다. 대부분의 대형 제조회사들은 영업활동 시 가장 먼저 shopper research를 생각하고 중시하지만, 이보다는 employee research가 더 중요하고 더 먼저인 것이다. 거듭 이야기하지만, 영업은 머리 좋은 사람이 잘하는 것도 아니고, 많이 배운 사람이 잘하는 것도 아니다. 마음에서 우러나오는 동기 부여를 통한 행동과 태도가 결국 영업실적을 좌우한다.

유통업체와의 생활용품 영업 이렇게 해라

2장

마트에서 자기의 영업성과를 내기 위해서는

세상에 모든 일이 그러하고, 회사의 모든 부서들이 그러하겠지만, 특히 영업부에서 일을 오래 하다 보면 안타까울 때가 많이 있다. 영업부의 일이라는 게 매일매일, 매월 매월 나오는 최종 결과에 따라서 울고 웃는 상황이 남들보다, 다른 부서보다 상대적으로 많이 오기 때문이다. 그리고 그 결과는 어느 다른 부서보다도 더욱더 적나라하게 피부로 느껴지기 때문에 성과가 안 나올 때 그래서 주어진 목표를 못 가서 마치 자기 때문에 회사 전체의 실적에 안 좋은 영향을 미쳤다고 생각될 때 그 좌절감과 압박감은 실로 대단한 것이다.

그리고 이러한 일을 몇 번 겪으면서 스트레스를 받으면 대부분의 많은 영업사원들은 '나는 영업에 소질이 없나 봐! 이 일은 내가 할 일이 아닌가 봐!' 하며 영업부를 떠나거나, 회사를 떠나게 된다. 그러나 영업 결과의 모양은 일반적으로 오른쪽으로 올라가는 계단의 형태로 나타나게 된다. 즉, 위로의 상승 없이 수평으로 오른쪽으로 쭉 가다가 비로소 계단의 끝 부분에 다다라서만이 한 단계를 겨우 올라가듯이 영업의 결과도 그러한 것이다.

국회의원 선거철만 되면 어떤 국회의원 후보들은 갑자기 나타나서 열심히 하겠다고 이곳저곳 돌아다니고, 절을 하고, 인사를 하면서 처음 보는 사람인데도 불구하고 굉장히 친한 척하면서 악수를 청하곤 하는 사람이 있는 반면에, 현재 국회의원은 아니지만 4년 내내 하루하루 매일같이 지역구를 돌아다니면서 지역구 현안을 착실히 잘 챙기는 후보와의 결과는 모두 다 쉽게 짐작할 수 있을 것이다. 그 지위 높은 국회의원도 4년을 묵묵히 열심히 하고, 공을 들여서야 비로소 4년 만에 금뱃지를 다는 것이다.

조바심 내거나 끈기없는 사람은 결코 4년을 기다리지 못할 것이다. 오늘

밤새도록 수학 공부 한다고 내일 바로 수학 실력이 느는 것이 아니라 오랫동안 공부해야 수학 실력이 늘듯이, 영업부의 결과도, 실력도 오늘 하루 열심히 한다고 해서, 오늘 하루종일 매장을 열심히 돌아다닌다고 해서 그에 비례해서 바로바로 늘어나지 않는다. 꾸준히 하루하루 기본에 의거하여, 거래처와 함께 매일 영업을 하다 보면 자기도 모르는 사이에 쑥쑥 실력이 늘어 벌써 몇 계단을 올라가 있고, 올라간 후에 그 자리에서 비로소 뒤를 돌아보게 된다면 자기가 모르는 사이에 어느덧 내가 이만큼이나 영업 실력이 올라가 있음을 느끼게 될 것이다.

물론 사람에 따라서 수직으로의 성장 없이 오른쪽으로 즉 수평적으로 얼마나 길게 가느냐 아니면 얼마나 짧게 가느냐의 문제 그리고 올라간다 하더라도 수직적으로 얼마나 남들보다 더 높게 올라가는가 아니면 덜 높게 올라가는가의 차이는 있을 수 있지만 분명한 것은 매일매일 거래처와 함께 열심히 하는 영업활동은 분명히 한 계단을 오르기 위해서 비록 위로는 올라가지 않지만, 옆으로는, 오른쪽으로는 분명히 가고 있는 것이므로 끈기 있게 하루하루에 충실히 한다면 누구나 한 계단 한 계단 올라가는 성취감을 맛볼 것이다.

아무리 해도 질리지 않는 영업

우리가 보통 낚시에도 손맛이 있다고 말하듯이 영업에도 분명히 영업의 맛이 있으므로 이 영업의 맛을 느낄 때까지는 진정으로 영업을 해본 것이 아니다. 끈기 있게 계속적인 영업활동을 통해 영업의 맛을 본 다음에 본인의 영업에 대한 적성과 소질을 말하는 자세가 중요하며, 그래서 영업을 정말로 포기하는 그 순간까지는 절대로 포기하지 않는 자세가 또한 중요하다.

영업은 자기 혼자 방 안에서 틀어박혀 공부하는 것처럼, 그래서 혼자서 자기가 투자하는 시간과 비례하여 어느 정도의 성과물을 반드시 만들어 내는 것도 아니고, 혼자서 계속 밤새도록 연습할 수도 없고, 연습한다고 되는 것도 아니다. 항상 상대방이 있고, 그 상대방과 함께해야 하는 것임을 명심해야 한다. 상대방이 들으면 내가 이야기할 줄 알아야 하고, 상대방이 이야기하면 내가 들을 줄 알아야 하는 것이다. 그래서 영업은 더욱더 힘든 것이다. 이쪽, 저쪽, 요쪽 나의 행동과 태도 하나하나에 의해 상대방이 반응하고 그것이 결과로서 나오니 말이다.

낚시를 좋아하는 분들이 말하듯 낚시에는 분명히 손맛이 있는듯하다. 필자는 낚시를 그리 잘하는 사람이 아니다. 낚시를 전문적으로 하지는 않지만 필자도 가끔은 고기를 잡는다. 고기를 잡을 때의 그 손맛, 그 느낌을 낚시를 전혀 모르는 사람에게 말로 표현하는 것은 너무나 어렵다. 전율과 희열 등…. 정말로 적당한 단어를 찾기란 너무 어렵다.

낚시를 처음 하는 사람들은 낚싯대를 물에 처음 담그고 고기가 잡히지 않으면 바로 지겨워한다. 물에 낚싯대를 담그고 처음 한동안은 멍하니 하는 것도 없이 낚싯대만을 계속 쳐다보아야 하니 말이다. 그러나 물에 낚싯대를 넣자마자 바로 잡히는 고기가 어디 있겠는가? 낚시는 낚시하는 사람의 어느 정도의 기술에 따라서 금방 잡느냐 좀 더 오래 걸리느냐의 차이는 있지만 고기가 잡힐 때까지 기다려야 고기가 잡히며 잡히는 그때 비로소 낚시의 손맛을 볼 수 있는 것이다. 그러나 고기가 잡힐 때까지 기다리지 못하는 사람들은 '낚시는 재미없어. 이게 무슨 손맛이 이래! 나는 아무래도 낚시 체질이 아닌가 봐!' 하고 포기한다. 그리고 다른 사람들 앞에서는 마치 자기가 아주 많이 낚시를 해 보았지만, 낚시는 재미없는 것이다라고 말하고 자기가 낚시하고는 잘 안 맞아서, 낚시가 취미가 아닌 것처럼, 그래서 낚시를 떠난 것처럼 이야기하는 것을 종종 본다.

그렇다. 그러나 낚시와 마찬가지로 영업에도 분명히 이러한 맛은 있다. 재미가 있다. 이 영업의 맛을 보면 누구든지 영업을 안 할 수는 없을 것이다. 다만 낚시만큼이나 많은 기다림과 끈기와 노력이 필요하다. 필자는 영업을 하면서 아주 많은 영업의 맛을 느껴보았지만 처음 영업의 맛을 느낀 것은 아주 오래전의 일이다. 영업의 맛은 아주 단순하고, 일상적인 곳에 있다.

아주 오래전에 서울에 있는 대형할인점을 담당하면서 위생용품의 매대 진열 면적을 우리 회사와 경쟁 관계에 있는 회사보다 더 크게 더 넓게 늘리는 것이 필자의 과제였다. 결론적으로 몇 달 동안 그 대형마트 매장 담당과 어찌하면 우리 회사의 위생용품 매대를 경쟁사 매대보다 더 넓힐 수 있는지 협업하면서 고민하며 호시탐탐 기회를 엿볼 때의 일이다. 그러던 어느 날 하루는 춘천에 있는 매장에서 나오는데 서울에 있는 그 대형마트 안에서 근무하던 우리 회사 여직원으로부터 나에게 한 통의 전화가 걸려 왔다. "대리님 우리 매대가 경쟁사보다 훨씬 더 넓어졌어요!"라는 것이다. 필자가 경쟁사보다 매대를 어찌 넓혔는지는 이 책을 다 읽게 되면 여러분들도 쉽게 짐작할 수 있을 것이다.

아무튼, 그 당시에는 서울 춘천 간 고속도로가 없을 때여서 자동차로 춘천에서 서울로 오려면 두 시간 이상이 걸리는 시기였지만, 차 안에서 혼자서 운전하고 올라오는 두 시간 이상 동안 누가 옆에서 말 거는 것도 아니고, 건드는 것도 아닌데, 혼자서 계속 실실 웃음이 나왔다. 주변에서 누가 웃기는 것도 아니고 그냥 혼자서 실실 웃음이 계속 나오는 것이었다.

내가 담당하는 매장 안에서, 내가 이루고자 하는 것을 이루고자 열정과 승부욕으로 무장하고 아주 오랜 기다림 속에서 끈기 있게 계속 일을 진행한 결과, 처음으로 느껴보는 희열, 짜릿한 감정이었다. 무어라고 말할 수 없는 짜릿짜릿한 성취감인데 이것이 바로 영업의 손맛이었다. 정말 말로는 설명할 수 없는 짜릿한 순간이었다. 그 이후로는 필자는 단 한 번도 영업 부서를, 외부영업을 떠나려고 생각한 적은 없는 듯하다. 아니 계속적으로, 마치 굶주린 하이에나처럼 이 짜릿한 성취감을 또 맛보기 위해 계속해서 찾아다닌 것이다.

또한, 아주 오래전의 일이다. 회사 내에서 나만큼이나 영업을 잘하던 한 영업사원이 인사 발령으로 인해 다른 지역으로 이동하면서 청량리에 있던, 그 당시 그 지역에서는 상당히 유명한 마트 한 군데를 아주 미안해하고 걱정스럽게 인계해 주었다. 이유는 자기가 이 마트를 담당하기 전에는 매출이 아주 작았고 행사도 한 달에 며칠 안 했지만 자기가 담당하고 나서는 매월 매출을 2배 이상으로 나오게 하고, 행사도 상당 기간 계속 꾸준히 해오는 매장으로서 상대적으로 친하던 나에게 이 매장을 넘기면서 너무 목표가 높은 매장을 인계하고 가는 것을 미안해했던 것이다. 즉 다시 말해 내가 자기만큼은 그 매장에서 영업을 못 할 것이고, 그러면 그 매장의 매출이 과거처럼 완전히 다시 꺼질 것이라서 필자의 영업실적이 걱정된다는 것이었다.

그러나 결론은 결국 내가 그보다 훨씬 많은 영업매출을 만들었고, 같이 술 마실 때면 항상 그 이야기를 필자에게 하면서 필자의 영업성과와 실력을 다시 이야기했고 필자는 그 이야기를 안주 삼으면서 술을 마시는데, 그 맛은 세상의 그 어떤 안주보다도 더 맛있었고, 지금도 잊지 못하는 영업의 달콤한 맛이었던 것 같다.

이것은 영업하는 사람들이 한 번만 맛보면 거기에 푹 빠져서 헤어나올 수 없는 그런 맛인데, 식당에서 만들어지는 그런 음식들처럼 내가 영업하는 사람들에게 만들어서 식탁 위에 턱 하니 차려줄 수 없는 것이기에 많이 안타까울 뿐이고, 대신 지금 필자는 이 책처럼 그 영업의 맛을 만드는 가장 기본적인 만능 레시피만을 소개하는 것이다.

영업의 맛을 듬뿍 느끼는 여러분들만의 요리는 여러분들 스스로 요리해 보길 바란다. 이렇게 영업은 단시간에 결과가 나오는 것은 아니지만, 끈기 있게 계속 열정을 가지고 진행해 나간다면, 여러 환경의 차이로 사람마다 각각 만족도를 달성하는 시간의 차이는 조금 있겠지만, 누구나 영업의 그 짜릿한 승부욕 속에서 승리하는 맛을 볼 수 있을 것이다. 필자는 지금도 그 맛에 푹 빠져서 살아간다.

2장

버리면 버릴수록 뚜렷이 보이는 영업성과

어느 누구든지 새로운 일을 하게 되면, 일에 대한 성취 의욕이 넘쳐날 것이다. 은퇴 후 장사를 시작한다 해도, 회사에 처음 입사한다 해도, 새로운 악기 등 무엇인가를 새로이 배운다 해도 말이다. 그렇지만 그 처음의 마음을 오랫동안 계속 유지하는 것은 매우 힘든 것 같다. 그래서 아마도 작심삼일이라는 말이 나오는 것 같다. 아무튼, 누구든지 새로운 일을 하게 되면 처음에는 그 일에 대한 의욕과 열정이 상당히 넘쳐나는 것은 맞다.

회사생활을 오래 하다 보면 윗분들이 많이 바뀌고 새로운 분들이 오는 경우를 많이 본다. 그때마다 그분들은 첫 미팅이나 취임사에서 자기의 매니페스토를 많이 이야기하곤 한다. '우리는 앞으로 이렇게 하자', '오늘부터 우리는 이렇게 해야 한다' 등 새로운 분이 오실 때마다 뭐 하자, 앞으로는 이렇게 하자 등 새로이 하자는 것들이 너무 많다.

그러나 필자의 경우는 조금 다르다. 필자가 어느 새로운 팀에 리더로 처음 들어갔을 때, 모든 팀원들을 모아놓고 커피 한 잔씩 하며 첫 미팅을 하게 되었는데, 그때 보통 필자가 했던 말들은 '이것은 하지 말자', '지금부터 이런 것들은 하지 맙시다'였다. 즉 우리가 지금 하는 많은 일 중에서 상대적으로 덜 중요한 것은 빼버리자는 것이고, 그러면 결국 상대적으로 중요한 것이 많이 남아서 중요한 것에 좀 더 집중할 수 있을 것 같아서였다.

필자의 경우를 돌아보면 오랜 회사생활을 하면서 그동안 모셔온 상사분들 그리고 부장님들, 사장님들만 하더라도 상당히 많았다. 그런데 아무리 상사라 해도, 그 당시 생각으로는 그분들의 모든 행동이 맞고 훌륭한 것은 아니었다. '아니 저리 훌륭한 나의 보스가 대체 왜 저러시지?', '나의 보스는 대체 왜 이러시나?' 하고 생각한 적이 여러 번 있었다. 그렇지만 내가 그 보스들에게 그때마다 "이건 아닌 것 같습니다"라고는 감히 이야기하지 못했다. 설사 필자가 그리 이야기했다 하더라도 이야기를 받아들여 보스들의 행동이 바뀌지는 않았을 것이다.

그러나 보통 높은 자리까지 올라가는 이들은 반드시 뭔가 남들과 다른 훌륭한 장점이 있을 것이고, 본받을 만한 것이 많을 것이다. 즉 '나의 보스는 대체 왜 저러시나' 하는 생각이 들 때마다, 필자가 배워나가는 것들은 '만일 정말로 나의 보스처럼 높은 위치로 간다면, 보스가 가지고 있는 대부분의 좋은 행동들은 본받고 따라 하고, 저런 행동만 안 하면 되겠구나'라고 생각하는 것이었다.

그래서 필자는 그때부터 새로 어느 팀에 가서 첫 미팅을 진행하게 되면 "여러분 우리 지금 모두 잘하고 있으니 지금 하는 것 그대로 똑같이 열심히 합시다. 다만 우리가 지금 하는 것 중에서 이것 이것만 하지 맙시다"라고 말하게 된다. 즉 팀원들이 지금 하는 많은 일이나 미팅 중에서 우선순위, 중요도에 따라 상대적으로 중요치 않은 것들을 빼 버리는 것이다.

이제 정말 새로운 누가 오신다 하더라도 한 번쯤 안 들어본 것은 없고 뭔가 획기적인 것은 정말로 없는 것 같다. 그래서 필자는 각각의 훌륭한 분들의 대부분 행동을 배우고 따라 하면서도 몇몇 안 맞는, 아니 우선순위에서 떨어지는 그러한 행동만은 "우리 이제 하지 맙시다"라고 말한다. 아니 이미 많은 훌륭한 분들이 웬만한 것을 모두 시도해 왔었고, 이미 하고 있어서 지금 필자가 새로운 리더가 된다 했어도 특별히 새로운 뭔가를 할 만한 것은 없었다. 그보다는 지금 너무 잘하고 있고 중요한 것에 더 집중해서 우선순위가 떨어지는 것, 효율이 떨어지는 것들을 추려서 우리 이것은 하지 말자는 것이었다. 결국, 버리면 중요한 것만 남는다. 많이 버리면 버릴수록 정말 중요한 것만 남는다. 비즈니스는 단순하다. 영업은 더 단순하다.

진짜 중요한 것에 집중 못 하는 이유

　필자는 상사분을 모시고 우리가 거래하는 거래처를 하루 종일 같이 방문하면서 그 매장에서 필자가 하는 영업에 대해서 코치 받고, 평가 받는 일종의 프로그램이 있었었다. 이 프로그램의 일환으로 필자도 상사분과 하루 종일 같이 거래처를 방문하고, 방문한 그 거래처에 대한 어떤 인풋이나, 지시사항들을 그 자리에서 듣게 되고, 오후 늦게 사무실로 돌아오면 그때 받은 인풋들에 대한 써머리를 적어 그분에게 보내게 된다.

　그런데 어느 상사분의 경우는 거래처에서의 인풋이 너무나 많은 것이었다. 아니 필자가 생각할 때는 굳이 상사분이 직접 이런 것까지 챙겨서 인풋을 줄 필요는 없는데 하는 것들과 불필요한 인풋들이 너무 많았다. 어떨 때는 인풋이 아니라 그 자리에서 영업사원이 힘이 쭉 빠지는 불가능한 지시를 말씀하시는 것이었다. 아무튼, 그래도 상사를 모시는 부하 직원의 입장인 필자로서는 상사로부터 받은 개선사항, 지시사항들을 적어 리포트해야 하고, 다음번에는 이런 것들을 어떻게 개선하겠다는 메일을 보내게 되는데, 그 당시 하루 나가서 인풋 받은 항목은 보통 20~30개에 달했다.

상사는 20~30개나 중요하다고 나에게 인풋을 주었지만, 필자가 생각해 볼 때 이렇게 많은 것이 모두 중요하다고 말하는 것을 보니, 결국 '이 안에 중요한 것은 하나도 없구나'라는 생각이 들었다. 모두 다 중요하다고 하면 정말 중요한 것은 하나도 없는 것이다. 아무튼, 결국 상사와 같이 거래처를 나가서, 결국 한 것은 20~30개의 인풋 받은 것을 상사에게 예쁘게 잘 정리해서 아주 길게 번호까지 멋지게 붙여서 써머리해서 보내드린다고 머리 싸매면서 메일 보낸 것이 전부였다. 그리고 그 20~30개의 지시사항은 비록 상사분의 지시사항이긴 했어도 별로 중요한 것이 아니므로, 내가 해야 할 일 중에서는 우선순위로 보면 항상 하위권에 있는 것들뿐이었으므로 결국 그리 중요하게 다루지 못했던 기억이 난다.

결국, 다시 말해 우선순위 없이 모든 것이 중요하다는 것은 결국 중요한 것은 하나도 없다는 뜻이며, 단지 상사를 위해 보고하고, 많은 시간을 보고서 작성에만 보내왔었던 것이다. 그래서 필자는 지금 상사가 되어서 직원들과 함께 거래처를 방문하여 비즈니스를 체크하고 인풋 주는 동행근무는 해오던 것처럼 계속해서 진행하고, 대신 우선순위 없이 너무 많은 인풋을 주어 부하 직원이 무엇이 중요한 것인지 헷갈리게 하는 그런 일은 하지 않았다. 즉, 동행 근무 후 직원들이 보고를 위해 많은 시간과 노력을 들여야 하는 예쁜 미팅 써머리는 아주 간단히 하고, 하루 종일 동행 근무 시 나왔던 기회 요소들, 가장 중요했던 것, 꼭 챙겨야 할 것 1~2개 정도만 우선순위와 함께 집중적으로 인풋을 주어 그것만은 꼭 개선하라고 지시한다.

지금도 보면 회사에서 하는 일은 매우 많다. 많은 직원들이 컴퓨터 앞에 앉아서 오랜 시간 동안 씨름을 하고 있다. 오랜 회사생활을 한 필자가 보기에는 아마도 대부분은 당장 안 해도 되는 별로 중요하지 않은 일에 매달리고 있을 것이다. 아니면 안 한다고 해도 그리 큰 문제가 안 되는 그런 일일 것이다. 그러나 습관적으로 그렇게 안 하면 왠지 불안하고, 그렇게 해야 일을 열심히 하는 것처럼 느껴서, 그렇게 자기 만족감을 느끼는 것 같다. 중요하지 않은 일은 없애고 버린다는 것은 결국 그 버리고 남는 시간에 정말 중요한 일을 좀 더 중요하게 집중적으로 한다는 뜻이다.

필자는 지금도 많은 일 중에 습관적으로 중요한 우선순위 3개만을 집중적으로 중요하게 일을 하고, 함께 일하는 우리 직원들에게도 그것을 강조한다. 늘 이것만 말하다 보니 같이 일하는 직원들이 이 세 가지는 달달 외울 정도다. 그리고 필자와 같이 일하는 우리 팀은 항상 중요한 3가지만을 생각하고 거기에 집중한다. 영업은 대부분의 것들은 버려야 한다. 정말 중요한 것 몇 개만 남기고 말이다. 버리고 나서 남는 몇 개에 좀 더 집중해야 한다. 영업하는 사람들에게 여러 가지를 요구하면 정말 중요한 것을 놓치게 된다.

간혹 비즈니스 상담을 위해 부하 직원들과 같이 거래처에 가서 부하 직원들이 상담하는 모습을 보면, 굉장히 단순하고 간단한 이야기를 아주 길게 복잡하게 설명하는 것을 보게 된다. 아주 간단하고 심플한 것을, 보통이라면 몇 줄이면, 말 몇 마디면 설명이 다 될 것 같은데 파워포인트로 7~8장 장황하게 거창하게 만들어서 설명하면 대부분의 바이어들은 다시 되물어온다. "그래서 말씀하시고자 하는 것이 무엇인가요?"라고 말이다.

거래처에는 오늘 말하는 것으로 인하여 거래처가 얻을 수 있는 이익만을 중점적으로, 집중적으로 이야기하면 되는데, 파워포인트 7~8장이 없으면 거래처에 설명을 잘 못 하는 것이다. 아니 이렇게 간단히 1~2장으로 말하면 이래도 되나 하는 생각과 너무 성의 없어 보이는 것은 아닌지 괜히 불안해하고, 쓸데없는 걱정을 하게 된다. 즉 짧은 시간에 거래처가 가장 알고 싶어하는 거래처의 이익을 충분히 설명하는 것이 제일 중요한데 그것을 못 하는 것이었다. 아니 별로 필요 없는, 다른 것들을 장황하게 이야기하고 제일 중요한 것을, 충분히 설명해야 하는 것을 놓치고 마는 것이다.

이런 경우 거래처와의 미팅이 잘 되는 경우는 거의 없다. 거래처와의 미팅을 마치고 나와서 우리 직원에게 필자가 다시 물었다. 오늘 미팅의 목적과 우리가 준비해 온 플랜들을 다시 물어본다. 역시나 우리 플랜에 대하여 정확히 모르면서 나름 필자에게도 아주 길게 길게 설명한다. 정확히 핵심을 모르니깐 말이 길어지고 장황한 설명만 이어진다. 결국, 필자의 결론은 우리 직원이 우리 플랜에 대하여 정확히 모르는 것이다. 아주 정확히 모르기 때문에, 송곳처럼 핵심을 찌르는 아주 간결한 말을 할 수 없는 것이다. 정확히 모르면 자기가 정확히 모르는 것을 감추기 위해 말이 많아진다. 짧은 것이 기억에 남는다.

비즈니스의 경우는 더욱 그렇다. 세계의 명연설들은 거의 모두가 짧다. 만일 내가 내가 하는 일을 정확히 모른다면, 그래서 우리의 비즈니스에서 무엇이 중요한지 만일 내가 확신이 없다면, 나는 아주 중요한 것만을 간단히 우리 직원들에게 정확하게 지시할 수 없을 것이다. 필자 주변을 둘러봐도 상사가 자기가 하는 일을, 자기가 무엇을 해야 할지를 정확히 모르면 부하 직원들이 하는 일이 많아진다. 정확히 모르면 핵심만을 추려서 간단히 이야기할 수 없다. 흔히 '갑'이라 불리는 거래처의 기라성 같은 바이어들을 상대로 협상하고, 때로는 그들을 설득해야 하는 힘든 일을 하는 영업사원들에게 이것저것 여러 지시를 하게 되면 정작 정말로 꼭 해야 하는 중요한 일을 놓칠 수 있는 것이다. 영업사원에게는 거래처에게 모든 것을 다 양보하고 지더라도 이것 하나만은 꼭 놓치지 말고 이겨야 하는 것이 있다. 거래처와 함께 일해야 하는 영업사원이 모든 것을 다 진다 해도 반드시 꼭 이겨야 하는, 그 하나를 꼭 이기기 위해서는 송곳 같은 그 하나만을 집중적으로 반복해서 지시해줘야 한다.

영업사원이 반드시 현장에서 이겨야 하는 그 하나는 바로 '숫자'이다. 영업사원은 결국 숫자로서만 책임을 지는 것이다. 영업사원들에게 승부욕과 목표의식을 제대로 심어주고, 거기서 어떤 결과를 얻으려면 송곳처럼 제일 중요한 것만 집중적으로 간단하게 반복적으로 이야기해야 한다. 그러려면 그의 상사들이 중요하지 않은 많은 것을 버려야 하고 버릴 줄 알아야 한다. 근데 그 상사들이 비즈니스를 정확히 모르면 다 중요한 것처럼 보이므로 아무것도 버릴 수 없다. 비즈니스는 단순하다. 영업은 더더 단순하다.

말로 하면 100점인데, 실행만 하면 0점이 되는 이유

모든 일들이 그렇겠지만 자기가 하는 일에 대해 열정이 없다면 성공하기 힘들 것이다. 그렇지만 영업은 더욱더 그렇다. 유원지나 놀이공원 주변의 길을 걷다 보면 음식점이나 시장에서 아주머니들이 적극적으로 호객행위를 하는 것을 심심찮게 보곤 한다. 거기서는 그렇게 열정적으로 하지 않으면 남들보다 장사를 더 잘할 수 없는 것이고 영업이 안 된다. 영업은 자기가 안 하면 누가 대신해주는 것도 아니고, 열정 없이 한 영업의 결과는 바로바로 티가 난다.

이미 말했듯이 길에서 호객행위를 하는 아줌마들은 아마도 10명 이상의 사람에게 호객행위를 하면 몇 명 안 되는 아주 적은 수의 사람만이 그 음식점으로 들어갈 것이다. 그렇듯이 영업일은 아주 열정적으로 해도 성과는 바로바로 나타나지 않고 아주 한참 후에 천천히 계단 모양과 같은 모습으로 결과가 나타나기 마련이지만 반대로 일을 열정적으로 안 했을 때의 결과는 바로바로 티가 나는 것이다.

이제 필자는 현장에서 고객들을 직접 만난다든지 하는 일은 하지 않으므로 현장영업에 대한 감각이 많이 떨어질 것으로 생각하는 사람이 많을 수 있다. 하지만 영업력에 대한 자신감은 아직도 항상 충만하다. 지금도 필자는 그 어느 회사의 영업 상무나 영업부장 100명이 와도 영업적으로는 절대로 나를 못 이긴다고 생각한다. 그래서 세상은 너무도 공평한 것 같다. 나는 영업 말고는 남들보다 잘하는 게 절대로 하나도 없기 때문이다. 필자는 영업 말고는 모든 것을 남들보다 다 못한다.

아무튼, 가끔 회식이나 식사 자리에서 필자의 영업에 대한 생각을 후배들에게 말하면 후배들이 질문한다 "어찌하면 저도 그렇게 될 수 있나요?" "그렇게 지금도 영업에 대해 확신을 가지고 말할 수 있는 원동력은 무엇입니까?"라고 물어보면, 필자의 대답은 간단하다. "연습문제를 많이 풀면 된다." 연습문제를 많이 푼다는 것은 매장을 많이 간다는 뜻이다.

보통 사람들은 필자가 영업부에서 오랫동안 일했기 때문에 영업 경험이 아주 많아서 자동적으로 그렇게 된 것으로 생각하지만, 그것은 절대 아니다. 영업을 오래 했으니깐 영업을 잘한다 한다면, 대한민국엔 필자보다 영업을 오래 해서 영업을 잘한다는 사람이 정말로 정말로 많을 것이다. 즉 '무엇을 얼마나, 오랫동안 했는가'보다는 '무엇을 어떻게, 어찌했는가'가 더 중요하다.

가령 필자의 당구 실력을 생각해보면, 필자는 고등학교 시절부터 당구를 치기 시작했으므로 당구 경력만 보면 정말로 수십 년이다. 그래서 남들은 필자가 고등학교 때부터 당구를 치기 시작한 경력을 이야기하면 필자의 당구 실력은 보통 수준을 훌쩍 넘는 상당한 실력일 것으로 생각한다. 하지만 지금의 필자의 당구 실력은 거의 완전 초보자급이라 할 수 있는 50 정도이다. 당구를 처음 시작할 때도 50이었고 30대 때에도 50이었고 지금도 50이다. 필자는 오랜 세월 동안 당구를 했어도 실력이 하나도 늘지 않은 것이다. 그래서 남들에게 "내 당구 실력은 50입니다"라고 말하면 대부분은 믿으려 하지 않는다. 수십 년을 당구를 쳤는데, 완전 초보수준인 50이라니 잘 안 믿는 것이다.

필자는 기본적으로 모든 스포츠에 취미가 없다. 아니 잘하지 못한다. 특히 공을 가지고 하는 스포츠들은 정말로 못한다. 그래서 골프도, 볼링도, 테니스도 배우려고 시도했다가 바로 포기했고, 다른 스포츠들도 마찬가지다. 정말 필자는 영업 말고는 내세울만한 것이 하나도 없는듯하다. 아무튼, 아주 오래전 그 당시에 친구들이 당구장 가자 하니깐 그냥 따라간 것

뿐이고, 친구들이 당구 하자 하니깐 그냥 친 것뿐이다. 그리고 한 번도 잘 치려고, 열정을 가지고, 최선을 다해 당구를 친 적은 없는 것 같다. 여럿이 당구를 하다 내 차례가 오면 얼른 대충 툭 치고 와서는 당구장에서 시키는 짜장면이나 탕수육을 더 즐겼던 것 같다. 내기 당구가 아니라 그냥 같이 즐기는 당구였으므로 당구게임에 진다 해도 아무렇지도 않았고 굳이 꼭 이기고 싶은 마음도 별로 없었던 것 같다.

즉 당구 경험은 당구 경력은 아주 오래되었지만, 아무런 열정도, 의욕도, 승부욕도 없이 그냥 그 시간을 보냈던 것이다. 그리고 그 결과로서 당구 규칙, 당구 치는 방법 그리고 당구 길은 웬만한 사람만큼 보게 된 것이다. 필자도 남들 앞에서 만일 '말'로써 이론적으로 당구를 치라 하면 웬만큼 치지만, 실제로 공을 주고 당구를 쳐 보라 하면 수십 년 당구를 치고도, 지금 필자의 실력은 완전 초보자급인 50 이하이다. 이론적으로나, 경험적으로나, 논리적으로는 남들만큼 많이 알 것 같은데도 막상 직접 당구 공을 쳐보면 공은 생각했던 것처럼 안 맞는 것이다. 아마도 그동안 아무 열정 없이 생각을 다른 곳에 두고 당구를 쳐서 그런 것 같다.

생각해 보면 영업도 마찬가지인 듯하다. 아무리 한 분야, 즉 할인점팀이든지 특수영업팀이라든지 거기서 10년 아니 20년 그것만 담당해왔다 하더라도 일에 대한 열정, 영업에 대한 열정 없이, 아무 의욕 없이 상사가 시키니깐 그냥 한거나 월급 받으니깐 그냥 한다라는 생각으로 그 일을 계속했다면 결과는 뻔할 것이다. 이런 영업사원들도 아마 '말'로서만 영업을 하라 하면, 오랫동안 보고 들은 경험이 있으니 웬만큼은 '말'로서 영업을 하겠지만 실제로 영업현장에서 하는 것을 보면 제대로 못 하고, 영업결과도 그저 그런 것이다. 한 2년간을 아주 열정적으로 할인점팀이나 특수영업팀에서 제대로 배우고 익힌 신입사원보다도 영업 실력이 못한 것이다.

회사에서 보통 필자는 자신을 위한 미팅은 잘 하지 않고, 그 미팅이 필자와 같이 일하는 팀원들에게 도움이 되는 것이어야만 미팅을 하자고 한다. 그리고 그렇게 미팅을 하고 필자는 마칠 때쯤 직원들에게 이야기한다. "이 미팅을 통해서 자네들이 단지 모르던 것을 알고 가는 것은 나에게 중요치 않네! 내가 진정으로 자네들에게 바라는 것은 이 미팅을 통해서 자네들이 이제부터 무엇을 해야 할지를 아는 것일세"라고 말이다. '안다'라는 것은 머리를 통해 안다라는 것이고 해야 한다는 것은 몸을 통해 행동과 실천이 나타나야 하는 것이고 영업은 머리로서 바르게 알고 있는 것을 몸으로 바르게 행동하고 실천할 때에 완성되는 것이기 때문이다.

영업 고수가 되는 길

그렇다. 영업은 일단 정신적으로 승리를 갈망하는 열정이 아주 많이 있어야 한다. 세월이 변해서 그런지 요즘은 영업사원으로서 반드시 목표를 꼭 달성해야겠다라는 마음가짐을 갖는 영업사원을 별로 찾아볼 수 없다. 예전에 느끼던 영업사원으로서의 근성과 비장감 그리고 그 승부욕은 별로 찾아볼 수 없다. 영업사원이 목표를 달성 못 하면 그로 인해 회사에 막대한 지장을 끼치고 있다는 사실을 망각하고, 일부 매니저들조차도 부하 영업직원들에게 군이 많은 숫자를 할 필요가 없다는 식의 잘못된 이야기를 하는 것을 볼 때면 기가 막힐 지경이다.

영업사원은 결과로서 말한다. 더 이상도, 더 이하도 아니다. 숫자이다. 영업사원의 자존심인 것이다. 이것을 동의 안 하고, 이해할 수 없다면 안

타깝지만 어쩔 수 없는 것이다. 외부의 적 10명보다도 내부의 적 1명이 더 무서운 것인데 말이다. 필자는 만일 이런 생각을 하는 영업사원이 우리 팀에 있다면 무엇보다도 먼저 우리의 존재의 이유를 제대로 이해시키는 것이 필자의 제1번의 책임과 역할일 것이고, 그다음에 비로소 우리의 비즈니스를 논할 것이다.

아무튼, 영업사원은 가슴속에 열정을 가지고, 연습문제를 많이 풀어야 한다. 그래서 결국 누가 누가 연습문제를 많이 푸는가, 즉 누가 누가 승리에 대한 열정을 가지고 매장을 많이 방문해보는가에 따라서 실력이 고수와 하수로서 갈리는 것이다. 그래서 '영업을 조금 한다'라는 사람과 영업 경력이 오래 되었음에도 불구하고 영업 실력이 그저 그런 사람으로 갈리는 것이다. 그런 것이다. 필자는 상대적으로 다른 사람들보다 연습문제를 많이 풀었다.

필자가 지금도 많은 영업부 직원들에게 가장 자신 있게 말할 수 있는 것이 있다. 회사에는 아직도 필자보다 경험과 경력 그리고 나이도 필자보다 많은 영업사원도, 그리고 반대로 나이가 적은 후배들도 많이 있지만 필자는 말할 수 있다. 아직까지는 필자가 그래도 아는 영업사원 중 가장 많이 매장을 방문한 사람일 것이라고 말이다. 물론 방문 숫자를 직접 셀 수도 누구랑 직접 비교할 수 없지만, 자신 있게는 이야기할 수 있다. 승리에 대한 열정이 없는 사람은 매장을 많이 방문할 수가 없다. 필자의 영업에 대한 남보다 잘할 수 있다라는 자신감의 원동력은 바로 여기서 나온다. 그리고 매장을 가더라도 그냥 아무 열정 없이 왔다 갔다 하면 안 된다. 필자가 당구장을 별다른 열정 없이 왔다 갔다 한 것처럼 말이다.

매장을 방문하게 되면 우선 매장에서 근무하는 거래처 담당자들의 이야기를 일단 집중해서 열정을 가지고 열심히 들어야 한다. 내가 많이 이야기하기보다는 많이 많이 들어야 한다. 많이 들으면 들을수록 내가 미처 생각하지 못했던 것들까지, 내 생각을 좀 더 보완하면서, 좀 더 내 생각의 논리를 더욱더 정리할 수 있다.

세상에 매장은 많다. 그리고 그 매장의 담당자들도 많다. 그 담당자의 얼굴 생김새는 모두 다르다. 그리고 그 담당자들의 생각도 말하는 방식도 모두 다르다. 그러나 그 모두 다른 담당자들을 많이 만나고 그들의 생각을 많이 들으면서 나는 점점 얼굴도 다르고 생각도 다른 그 사람들의 생각을 조금씩 조금씩 맞추기 시작한다. 나중에는 새로운 담당자들을 만나도 첫마디만 들어도 대충은 그 사람이 무슨 생각을 하는지 나에게 앞으로 무슨 말을 할지를 맞추게 된다. 결국, 많이 다니면서 많이 들으면 그들의 생각을 추측할 수 있다.

이게 바로 연습문제를 많이 풀어야 한다는 것이다. 연습문제를 많이 풀어야 진짜 중요한 대학입시인 수능시험을 볼 때 주어진 환경과 시간 안에서 주저 없이 풀어나가듯이 매장을 많이 다니고 매장 담당자들의 이야기를 많이 들어야만 새로운 누구를 만난다 하여도 그들과 몇 마디만 나눠도 그들의 생각을 어느 정도 맞출 수 있다. 그래서 새로운 신제품이 나왔을 때 그 신제품 플랜을 가지고 거래처 본부에 가서 주어진 환경과 시간 안에서 담당 바이어의 생각을 읽어가면서 상담한다면 담당 바이어와의 상담은 한결 편해질 것이다.

열정인가? 트러블인가?

바쁜 환경 속에서 많은 매장을 다니고 거기서 담당자들의 이야기를 주의 깊게 듣는다는 것은 절대로 자기 일에 대한 열정이 없으면 힘들 것이다. 일에 대한 열정이 있다면 남들보다 한 매장이라도 더 가려 하고, 그 매장의 담당자 말을 한마디라도 더 들으려 할 것이다. 그래야만 정말 중요한 때에, 중요한 상담에서 순발력을 발휘하면서 성공적인 상담 결과를 가져올 확률이 높다.

그러나 검증 안 되는 너무 과한, 너무 심한 의지와 잘못된 열정은 영업에서는 오히려 독이 되고 트러블만 만들 뿐이다. 외부적으로는 그 과도한 열정으로 인하여 쓸데없이 바이어와의 트러블을 만들고, 내부적으로는 선무당이 사람 잡듯이 이쪽저쪽으로 충돌만을 일삼아 여기저기 상처와 손실만을 남길 뿐이다. 영업뿐만 아니라 무슨 일이든지 열정이 필요한 것은 분명하다. 열정 없이 좋은 성과를 낼 수는 없기 때문이다.

그런데 이것은 내가 컨트롤 할 수 있는 내 몸 안에 있을 때의 열정을 말하는 것이다. 즉 열정이 너무도 많아서 이 과한 열정이 내 몸을 빠져나가 내 주변 사람들에게 닿는 순간 이것은 더 이상 열정이 아니다. 이제부터 이것은 트러블이라고 불려진다. 특히 더욱더 내 주변 사람이 나보다 힘이 약한 부하 직원이나 후배라면 더욱더 무서운 트러블로 바뀌는 것이다. 그래서 과유불급이라는 말이 나오는 것 같다.

얼마 전에 택시를 탔을 때의 일이다. 목적지까지 가는 도중에 택시 기사와 이런저런 이야기를 하다 보니 이 젊은 택시기사분은 택시 운전을 이제 2년 정도도 하지 않은 길지 않은 경력을 가지고 있었다. 이 택시기사분과 요즘 사는 이야기 등 이런저런 이야기를 하던 중에 필자에게 "제가 택시기사를 이제 2년 가까이하다 보니 이제 서울 시내 지리는 모두 다 아는 것 같아요"라고 자신 있게 이야기했다. 그 이야기를 듣는 순간, 필자는 당신은 아직도 조금 더 경력을 쌓으면 더 좋으련만 하는 생각이 들었다. 왜냐하면, 운전을 배운다 해도 운전을 배운지 1~2년 된 사람들이 이제 막 붙은 자신감으로 거침없이 운전하다 사고를 가장 많이 발생시키듯이, 이제 좀 익숙해진 통제 안 되는 자신감은 대형사고를 부를 확률이 높기 때문이다.

그리고 오래전에 다른 택시를 탔을 때가 기억났다. 그때 나이 좀 들어 보이시고 차분한 인상의 택시기사분 이야기가 생각났다. 그때도 그분과 이런저런 늘 비슷한 주제로 이야기하다가 "내가 택시 일한 지가 30년이 넘었는데, 서울 지리는 아직도 잘 모르겠고, 실제로도 모르는 곳이 많아요. 대로변에 큰길들이야 웬만큼 대충 알지만, 그것도 새로운 길이 계속 생기고, 변경되고, 약간만 뒷골목으로 들어가면 아직도 모르는 곳이 많이 있어요"라고 들은 기억이 난다. 그 택시기사분은 서울 시내는 넓고 새로운 길과 도로는 계속 변하고 많이 생기는 것으로서 오랜 세월 일을 하면서도 계속해서 습득하고 늘 주의 깊게 행동하지 않으면, 손님을 태우고 뒷골목으로 잘못 들어가서 일방통행에 걸려 간혹 낭패를 보는 일도 있다고 했다.

영업도 마찬가지다. 새로운 경쟁자, 새로운 채널, 새로운 제품, 새로운 사람들은 계속 생겨나면서 변화한다. 이러한 것을 이해 못 하고 일방적으로 얕게 아는 지식으로 통제 안 되는 자기 혼자만의 넘치는 열정만으로서 어떤 프로젝트들을 본인만의 생각으로 확신 없이 결정하고 밀어붙인다면 그 프로젝트들은 초보 택시기사가 마치 뒷골목의 일방통행 길에서 방향을 찾지 못하고 우왕좌왕하는 것처럼 회사에 큰 손실만을 가져올 뿐이다. 영업은 열정과 근성이 중요하나 작은 경험만을 통해 만들어진 고집과 통제 안 되는 과한 열정과 의욕은 오히려 오판을 쉽게 부르고, 이런 오판에 의해 만들어진 플랜의 보상은 결국 모두 나중에 회사 돈으로서 다 갚아야 한다.

성공하는 영업사원은?

영업을 했다 해도 기간에 의한 영업, 1년이냐, 10년이냐, 20년을 말하는 기간에 의한 영업 경험과 대리로서의 영업과 차장으로서의 영업과 부장으로서 하는 직급에 따른 영업 내용은 완전히 다른 것이다. 1년 영업한 사람과 20년 영업한 영업사원의 영업 내용이 다르듯, 대리끼리만 하는 영업 내용과 부장끼리의 영업 내용 그리고 사장님들 간의 대화 내용 즉 그 영업 내용은 대리들끼리 것과는 아주 많이 다르다.

선무당이 사람 잡는다고, 자기가 하는 일에 대하여 확신이 없는 어느 간부가 이제 막 어떤 책임을 져야 하는 자리로 가서 자기의 포지션과 과한 열정만을 앞세운다. 그리고 깊게 모르고, 얕게 아는 지식으로서 확신도 없이, 즉 본인이 제대로 모르면서 남들에게 들은 것만으로 그럴 것이라는 예상만으로 어떤 중요한 무엇을 결정해서 회사가 그것을 시행한다면, 그것은 잘 되면 운이 좋은 것이고, 잘 안 되면 그 회사는 갔던 길을 다시 되돌아와야 하므로 크나큰 재앙이 되는 것이다.

이런 사람들의 특징은 이것은 자기의 결정이 아닌 회사의 결정이라는 생각 때문에, 자기는 회사가 시키는 대로 한 것뿐이기 때문에, 본인이 이런 큰 손실을 입힌 것을 인정 안 하고, 그것을 금방 잊어버리고 또 다른 일을 또다시 그렇게 확신 없는 상태로 거침없이 추진한다는 것이다.

그래서 나는 가끔 이런 직원들을 볼 때면 되묻곤 한다. "확신 있으시죠?" 그러면 대답은 "네." 하지만 표정을 보면 확신이 없다. 그러면 다시 중요 사항을 알려주고 한 번 더 잘 생각해보고 시작하라고 말해준다. 이렇듯 영업은 항상 상대방이 있는 것이므로 오버하는 열정은 본인만이 아니라, 주변까지도 안 좋은 영향을 미친다.

아주 오래전의 말이다. 매장도 별로 안 나가고 영업 경력도 별로 안 되는 영업사원 한 명이 거래처를 가서 바이어를 몇 번 만나고 오더니 팀미팅에서 갑자기 말하길 "제가 영업을 해보니깐 시대가 바뀌고 커스터머가 바뀌었기 때문에 우리 영업도 이렇게 해야 해요" 하면서 얼마 전 팀에서 함께 만들어진 회사 영업계획의 기본원칙을 바꿔야 한다고 열정적으로 말한 적이 있었다.

참으로 황당하고 이해도 안 되었지만, 평소에도 과한 열정으로 좌충우돌하는 그를 생각하고 이해하면서 필자가 다시 한 번 "정말로 그렇게 생각해?"라고 물으니 그때는 다시 자신이 없는지, 아무 대답도 못 하는 것이었다. 아마도 이 영업사원은 바이어나 아니면 그 누구로부터 새로운 길이 난 것만을 듣고 온 모양이다. 그러나 그 길은 우리처럼 큰 덩치가 아직은 갈 수 없는 이제 막 만들어진 오솔길일 뿐이고, 그 바로 옆에 그 새로운 길보다 더 크고 빠른 길이 만들어진다는 것도 모르고, 그 앞으로 쭉 가면 바로 낭떠러지로 연결된다는 것을 가보지도 않고 과한 열정으로 듣고만 와서 이야기하는 것 같았다. 마치 불이 뜨거운 것을 모르는 아이들은 불에 데이고 나서야 비로소 불이 뜨겁다는 것을 아는 것처럼 말이다.

이는 영업 실력이 안 되어 자기 의견이나 생각은 말할 수 없으나 과한 열정으로 뭔가는 이야기해야겠고 또 나서야 해서 남에게 들은 이야기를 마치 자기 의견인 것처럼 위장하여 영업활동을 하는 영업 하수들의 공통된 현상일 뿐이다. 길이 좋다고 확인 없이 무작정 자유로를 쭉 따라가다 보면 임진강을 건너 다시는 돌아올 수 없는 길로 간다는 것을 모르는 것 같아 안타까웠다.

그렇다. 다시 한 번 선무당이 사람 잡는다고 실천 못 하는 배움이나 지식처럼 이야기만 듣고 매장 많이 안 가는 영업은 허무한 것이다. 이는 보고 들은 것은 많아서 막상 시험 보기 전에는 마치 다 알 것 같지만, 연습문제를 많이 안 풀은 탓에 막상 시험을 보면 헷갈려하고 시간도 많이 모자라 그 중요한 시험을 망치는 것과 같다. 단지 본 것과 들어서 아는 것만으로는 비슷하게 흉내낼 수 있을지 몰라도 본인이 아는 것을 직접 실행해봄으로서 느끼는 감동과 그에 따른 결과는 완전히 다르다.

아주 똑같은 양념으로 김치찌개를 끓인다 해도 별로 해 보지 않은 필자가 끓이는 김치찌개와 매일 직업적으로 전문적으로 김치찌개를 끓이는 요리사가 끓이는 김치찌개의 풍미가 다른 것처럼 말이다. 똑같은 양념을 넣어도 언제, 얼마나 넣고, 어떻게 끓이냐의 작은 차이가 커다란 맛의 차이를 가져오는 것처럼 말이다. 통제 안 되는 오버하는 열정이 아닌, 제대로 된 일에 대한 열정이 있는 사람만이 거래처와 매장을 많이 다니게 되고, 결국 그 작은 차이가 영업사원으로서의 성공 여부를 가르게 된다.

외부 영업보다 한 수위인 내부 영업, 내부 문화 다지기

어느 누가 새로이 영업부의 리더가 되면, 보통 그 사람에게는 두 가지의 큰 책임이 주어진다. 하나는 내부 영업과 관련된 자기 팀의 조직과 관련된 것이고 나머지 하나는 외부 영업인 비즈니스와 관련된 것이다. 먼저 내부 영업은 자기가 이끄는 팀의 팀워크을 단단히 해서 팀원들이 팀에서 배움을 통해 계속 성장해야 하고, 동시에 정말로 실력 있는 특출한 팀원을 발굴해서 그의 성장을 계속 이끌어야 한다. 그래서 그가 더 크게 성장하고, 회사에 기여할 수 있는 발판을 마련해 줘야 한다.

또 다른 하나는 비즈니스 즉 외부 영업으로서 그 팀에 주어진 영업목표를 달성하는 것이다. 보통 영업부의 팀장이 되면 그 밑에는 팀원으로서 몇 명의 부하 직원이 생기게 마련이다. 그런 팀원들이 가진 개인의 성향을 존중하면서, 각각 그들에게 제공되는 계속되는 배움의 기회를 통해서 그들의 성장을 이끌어내는 일은 절대로 쉬운 일이 아니며, 또한 각 팀원들 간에 조화와 균형을 이루어 팀을 한 개의 팀으로서 굳건히 만드는 것은 많은 팀장들의 어려운 숙제다. 팀장으로서 팀 안에서 팀원들 간에 조화와 균형을 이루게 한다는 것은 쉽다면 쉬운 일이고, 어렵다면 어려운 일이다.

팀장으로서 팀원들 간에 조화와 균형 그리고 화합을 이루어서 강력한 팀워크을 만드는 가장 좋은 방법은 각 팀원들에 대한 공정한 평가와 그에 따른 제대로 된 보상이다. 동물의 왕국에서도 완벽한 서열정리가 끝나게 되면 더 이상 싸움이 안 일어나고 밀림이 평화롭다. 팀원들 간에서도 누구나 인정하는 일 잘하는 사람이 대접받고, 빨리 승진하고, 일 못 하는 사람이 그보다 점수를 덜 받아 상대적으로 덜 대접받는다면, 어느 정도 한팀으로서 그래도 서로 존중하면서 화합을 이룰 수 있다. 문제는 실력을 인정할 수 없는 사람이 점수를 잘 받고, 그래서 승진을 하게 되면 그때부터 그 팀은 삐그덕거리는 것이다. 다른 팀원들이 승진한 사람의 실력을 인정 못 하는 것이다.

즉 팀장이 개인의 친분을 떠나서 일로서 바르게 평가하고, 일을 잘하는 사람이 보상받는 것을 공고히 하고, 그것을 다른 팀원들이 인정할 수 있다면 그 팀은 좋은 팀워크을 가지게 될 것이다. 즉 팀원들 간에 팀워크를 저해하는 대부분의 이유는 나보다 일 못 하는 사람이 상사와 친하다고 해서, 윗사람에게 특이한 방법으로 잘 보임으로서, 나보다 빨리 승진한다는 생각을 가지면서부터이다. 그래서 팀장의 바른 판단과 그에 따른 공정한 보상만이 그 팀의 팀워크를 강력하게 만들어 낼 수 있다.

한비자의 망국론을 보면 "군주가 벼슬이 높은 자의 말만 듣고, 여러 사람의 말을 비교하여 듣지 않고, 어느 특정한 사람의 의견만 받아들이면 그 나라는 망할 것이다"라고 했다. 간부가 널리 듣지 않고, 공공의 비즈니스 목적을 생각하지 않고, 본인 개인의 의견에 반대하는 의견은 받아들이지 않고 무시한다면, 그 팀이 잘 안 될 것은 분명한 사실이다.

간혹 우리 주변의 팀을 들여다보면 팀원들끼리 심하게 불협화음이 일어나서 도저히 한 팀이라고 생각할 수 없는 팀도 있었고, 또 팀장과 팀원 간에 갈등이 너무 심해서 주위에서 보기 민망할 정도의 이상한 팀도 있었다. 이 두 팀의 경우는 모두 그 팀의 리더십 없는 팀장의 잘못이 큰 것이며, 그래서 그 결과는 명확한 것이다. 영업실적도 꼴찌로 돌아오는 것이다.

리더십 없는 팀 리더의 전형적인 공통점은 팀이 팀워크가 없고, 비즈니스가 잘 안되면 자기는 문제가 없고 모두 팀원의 잘못으로, 주변의 탓으로 돌린다. 그리고 본인은 빠지고 팀원들에게만 집요하게 물어본다. "당신의 팀이니 당신들이 어떻게 하면 우리 팀의 문화를 팀워크가 강한 팀으로 바꿀 수 있을까?"라고 말이다. 문화, culture는 어느 누가 특별히 무슨 공부를 한다고 해서 바뀌는 것이 아니다. 위로부터 자연스럽게 스펀지처럼 스며드는 전통과 관습이다. 내가 언제부터 김치를 먹었는가? 우리 부모님이 먹으니깐 내가 자연스럽게 먹게 된 것이다.

필자도 오래전에 팀을 이끌 때, 넘치는 열정을 자제하지 못해 오버하는 영업사원들은 보았다. 넘치는 열정으로 모든 것을 자기중심으로 해야 하고, 다른 사람들이 하는 것은 만족 못 해서 주변 사람들 사이에서는 많은 갈등만을 만들어내어, 그래서 주변인을 동기 저하시키는 전형적인 트러블 메이커인데, 워낙 열정적으로 일을 하고 그로 인해 남이야 죽든 말든, 그래서 나름의 단기적인 작은 성과라도 만들어 내어야 직성이 풀리는 그런 영업사원도 있었다. 이런 사람들은 워낙 열정적으로 일함으로써 단기적으로 상사들을 잘 현혹시켜서 사막에서 신기루가 보이는 것처럼 착시현상을 유발하여 간혹 일 잘하는 사람으로서의 좋은 평가를 받는 경우가 있다. 그렇게 되면 그 팀은 팀장의 착시 현상으로 인해 계속 내리막길을 걷는 것이다.

결국, 팀장의 잘못된 평가와 잘못된 보상이 자기 팀 스스로를 힘들게 하는 것이다. 영업부에서는 모든 직원들의 파이팅이 중요하고 그래서 팀워크가 있어야 하는데 보통 이런 독선적인 사람들은 윗사람 말이라면 틀린 것도 무조건 맞다고 하고, 혼자서만이 모든 것을 다 이루어야 하고, 혼자만이 다 차지해야만 자기 성질이 풀리는 고집스러운 사람들인 것이다.

그렇지만 영업은 마음속에서 우러나오는 바른 행동과 태도가 매우 중요하고, 이런 것들이 반복적으로 실행되어 자기의 버릇처럼 습관화가 되어야 한다. 그래서 그것을 바탕으로 우리가 항상 상대하여야 하는 거래처들과 상호 신뢰를 쌓으면서 상호 간 비즈니스를 성장시켜야 한다. 하지만 이런 사람들은 거래처의 상황이나 환경보다는 자기의 승진이나 자기의 입장이 훨씬 더 중요하므로, 순간적인 착시현상으로서 단기적인 비즈니스 성과는 만들어 낼 수 있을지 몰라도 거래처와 계속적인, 장기적인 비즈니스의 성장은 기대할 수 없다. 그래서 결국 회사에도 영업적으로 안 좋은 영향을 미치며, 그 영업사원 스스로도 불행해지는 것이다.

즉 우리의 주변에 있는 동료를 먼저 존중 못 하는 습관은 결국 우리의 고객인 거래처를 존중 못 하게 되는 것이다. 만일 이런 안 좋은 버릇을 가진 영업사원들이 거래처를 존중하고 배려한다면 이것은 오로지 자기의 특별한 목적 달성만을 위하여 존중하는 척, 배려하는 척하는 것이다. 무슨무슨 '척'이라는 것은 10번, 100번을 성공해도, 한 번 들통 나면 모든 것을 한 방에 잃어버리는 것이다. 거짓된 무슨 무슨 '척'은 진심이 없으면 결국 무의식중에서라도 표정이나 태도로서 결국 티가 나는 것이다.

뉴스에도 가끔 나오듯이 남자와 여자가 연애를 하는데 남자가 검사가 아닌데 검사인 척, 의사가 아닌데 의사인 척하면서 오래 사귀었어도 만일 들통이 나면 그 자리에서 모든 것이 한 방에 끝장나는 것처럼 이런 영업사원들의 비즈니스는 항상 아슬아슬한 것이다. 산속에 소나무로서 태생적으로 산세 좋은 국립공원 안에 심어져서 그 국립공원 안에서 자라고 성장하며 계속 관리받는 소나무가 아니고, 그냥 보통의 산에서 태어난 욕심 많은 소나무가 자기 혼자만 홀로 반듯하게 크게 자라려고 욕심부리면서 주변의 양분을 혼자 모두 빨아들이면서 반듯하게 자란들, 결국 그 소나무는 아마도 제일 먼저 벌목공의 눈에 띄어 베어져서 우리 집의 탁자나, 침대의 재료로서 들어왔을 것이다. 반면 주변의 풀이나 다른 나무들과 더불어 같이 공존하면서 시간이 걸려도 조금씩 바르게 성장하고 그래서 약간은 구부정하고, 약간의 흠집이 있다 해도, 두루두루 주변과 잘 어울리는 그런 소나무가 결국 그 산을 오래 지키는 것이다.

　행동과 태도가 좋은 남을 배려할 줄 아는 영업사원은 모든 것이 전부 다 완벽하지 않아도 괜찮다. 소나무의 약간의 흠집처럼, 남을 배려할 줄 아는 영업사원의 인간적인 실수나 작은 약점은 오히려 거래처와 팔고 사고를 계속하는 영업에 있어서 어느 정도의 인간적인 매력을 줄 수도 있다.

영업부 간부가 제일 중요하게 해야 할 일

　축구나 야구 같은 팀 스포츠처럼 영업부에서도 팀의 조직력이 제일 중요하다. 영업부에서는 마음에서 우러나오는 동기부여로 인한 행동과 태도가 매우 중요하므로 직원들 상호 간에 배려하는 마음과 상호 존중하는 마음이 없다면 밖에 나가서 최선을 다할 수가 없다. 특히 팀장이 팀원을 배려하지 않거나, 팀원들의 의견을 존중하지 않고, 개인의 호불호에 의한 근거 없는 평가와 보상만을 한다면 그 팀의 팀워크는 망가질 것이고, 그 팀의 영업성적은 보나 마나 안 좋을 것이다.

　유명 대기업들뿐만이 아니라 웬만한 회사에서 강조하는 말 중에 "고객제일", "고객중시", "고객은 왕이다"라는 말이 있다. 좋은 말이고, 맞는 말인 것 같다. 근데 그 중요한 고객을 누가 만나는가? 내가 만나나? 아니다. 우리 직원들이 만난다. 그런 우리 직원들이 회사에서, 팀에서 무시당하고 존중받지 못한다면, 그래서 그 직원들이 일도 하기 싫고, 그들의 사기가 땅에 떨어져 있다면, 어찌 그 직원들이 우리의 고객을 만나서 우리의 고객을 제일로, 우리의 고객을 왕으로 생각할 수 있겠는가 말이다. 그래서 고객을 왕으로 모시려면 먼저 우리 주변에 있는 우리 직원들을 왕으로 모셔야 우리 직원들이 왕 대접받는 기분으로 우리의 고객을 또한 왕처럼 모실 수 있는 것이다.

어느 상사가 부하 직원에게 일을 시킨다 "대꾸하지 말고 하라 하면 그냥 해. 시키는 대로 하든지 싫으면 회사를 나가든지"라고 말이다. 이럴 때 이런 소리를 듣는 우리 팀원들이 무슨 오너십과 리더십으로 자기 일에 최선을 다하여 잘할 수 있겠는가? 그것도 외부 사람을 만나서 항상 '을'의 입장으로 영업을 해야 하는 영업부 직원이라면 더욱더 그럴 것이다.

앞에서도 이야기했듯이 대부분의 영업사원들이 거래처에 가서 영업상담을 위해 바이어들을 10번 정도 만난다면 7~8번 정도는 안 좋은 소리나 결과를 듣고 온다. 그만큼 남을 설득한다는 것은 매우 어렵고 힘들다. 그러한 영업부 직원들이 힘없이 사무실로 복귀했을 때, 사무실 안에 있던 간부들까지 그 영업부 직원들에게 왜 가서 잘 못 하고 왔냐는 식으로 추궁만 한다면, 그 영업부 직원들은 갈 곳도 기댈 곳도 없을 것이다.

거듭 강조하지만 자질 없는 한 명의 간부는 밖에 있는 우리의 경쟁사 100개보다 더 큰 문제인 것이다. 자질 없는 한 명의 간부에 의한 통제 안 되는 권한과 권력은 밖에 있는 우리의 경쟁사 10,000개보다 더 무서운 것이다. 그래서 영업은 마음이, 동기부여가, 하고자 하는 의지와 확신이 매우 중요하므로 만일 영업팀이 만들어지면 팀장은 제일 먼저 팀원들의 팀워크 그리고 팀원들이 스스로 최선을 다해 일할 수 있는 동기부여를 만들기 위해 최고의 노력을 다해야 한다. 그리고 비로소 팀워크가 만들어지면 그 때부터 그런 팀워크와 자신감을 바탕으로 비즈니스적인 이야기, 즉 목표, 플랜 그리고 실적 등을 논해야 할 것이다.

그만큼 영업부에서 영업실적을 생각한다면 영업사원의 마인드는 절대적으로 중요하다. 아무리 영업기획팀에서 돈을 많이 써가면서 10~20% 올라가는 멋진 영업 플랜을 만들어도, 영업사원들의 마음을 움직이지 못한다면 계속적으로 그 플랜은 성공할 수 없다. 아니 그 행사에 대한 효율이 별로 안 좋을 것이다. 군인들이 적과 싸울 때도 가장 중요하게 생각해야 할 것은 그 군인들의 사기일 것이다. 사기가 꺾인 군인에게 아무리 좋은 전술과 무기를 준다 하여도 그들은 적을 이길 수 없다는 것을 우리는 모두 다 쉽게 알 것이다. 사기 꺾인 영업부 팀원들이 거래처에 가서 멋진 상담을 해서 좋은 결과를 가져올 수는 없는 것이다.

팀원들이 회사에서 가장 많이 동기부여를 받을 때

필자는 자동차에 휘발유를 넣을 때마다 그런 것을 많이 느끼곤 한다. 휘발유를 넣을 때는 습관적으로 휘발유가 없다는 경고등이 차 안에 들어올 때까지, 즉 탈 때까지 타고 돌아다니다가 주유소에 가서 항상 "가득이여!"라고 말한다. 그래서 필자가 넣어달라는 양은 매번 거의 일정한데 넣는 주유 금액은 조금씩 다르다. 어디는 95,000원 정도를, 어디를 86,000원 정도를 주유한다. 이 차이는 어느 주유소에 가면 거기 직원이 필자가 "가득이여!"를 외쳤으므로 딸깍딸깍 하면서 넘칠 때까지 넣는다. 그러나 또 다른 어느 주유소를 가면 "가득이여!"를 말했음에도 딸깍 한 번 하면, 더 들어갈 것 같은데도 그만 넣고 되었다고 한다. 그러면 86,000원 정도 나온다. 물론 주유소별로 휘발유 단가에 의한 차이도 있겠지만, 여기서 지금 그 이야기를 하고자 하는 것은 아니니 말이다. 아무튼, 어차피 필자는 두 곳 모두 휘발유 "가득이여!"를 외쳤으므로 넣을 수 있을 때까지 넣으면 되는데, 어느 주유소의 직원은 휘발유가 넘칠 때까지 가득 넣고, 어느 주유소의 직원은 대충대충 넣는다. 그 매출액의 차이는 대략 10%가 넘는듯하다. 이렇듯 종업원의 인식과 마인드의 차이는 매출액 10% 정도의 차이를 쉽게 만들어 내는듯하다. 만일 영업기획부서에서 매출 10% 증진 플랜을 만들어 내려면 아주 많은 돈과 시간과 노력을 투자해도 10%의 추가 매출을 올리기란 쉽지 않은 것이다.

영업부에서 직원들의 마인드가 이렇게 중요한 것을 느끼는 필자는 가끔 혼자 생각하고 자신에게 물어본다. 우리 영업팀원들이 회사 일을 하면서 어떨 때 가장 많이 동기부여를 받을 수 있을까? 그리고 팀원들에게도 물어본다. 영업부 일을 하면서 언제 가장 동기부여를 많이 받느냐고 말이다. 그러면 팀원들의 대답은 아주 다양하다. 승진시켜줄 때, 월급 많이 줄 때, 목표달성 했을 때, 칭찬 들었을 때, 나의 능력을 인정해줄 때 등 다양하게 나온다.

그리고 필자의 경우를 생각해본다. 나는 회사 일을 하면서 언제 가장 동기부여를 받았을까? 필자의 대답은 "회사가 나에게 내가 가장 잘할 수 있는 일을 시켜줄 때이다." 내가 가장 잘할 수 있는 일을 할 수 있을 때, 내가 가장 좋은 성과를 내서 회사에 공헌할 수 있고, 상식적으로도 좋은 성과를 내야지 승진도 하고, 월급도 오르고, 칭찬도 듣고, 나의 능력을 인정받을 수 있을 것이다.

즉 결과적으로는 내가 잘할 수 없는 일을 만일 팀장이 나에게 시킨다면, 아마도 나는 동기부여를 못 받을 것이다. 잘할 수 없는 것을 하면, 성과 낼 자신도 없고, 성과도 못 내고, 승진도 안 되고, 월급도 안 오르고, 칭찬도 못 받을 게 뻔하기 때문이다. 즉 팀장이 나의 동기부여를 생각한다면, 내가 잘하는 것을, 잘할 수 있는 것을 나에게 시켜야 하고, 만일 팀장이 나에게 잘하지 못하는 일을 시킨다는 것은 팀장이 내가 무엇을 잘하는지를 알지 못하거나, 아니면 내가 그 일의 인원 배정 우선순위에서 남들에게 밀린 것으로 해석되니 결국 모두 다 동기부여를 받을 수 없는 것이다.

잘 나가는 회사에서 일 잘하는 영업부 팀장의 역할

결국, 팀이라는 것은 축구처럼 감독이 각각 포지션 별로 그 자리에 가장 잘하는 사람을 배치함으로써 막강한 한 팀이 이루어지는 것이다. 누구는 골키퍼, 누구는 스트라이커, 누구는 미드필더 등 각각 포지션 별로 가장 잘할 수 있는 사람을 11명을 배치하여 1팀을 만들어야지 밖으로 나가서 우리의 경쟁 상대를 이기고 결국 국가대표가 될 수 있다. 만일 골키퍼도 잘해야 하고, 스트라이커도 잘해야 하고, 동시에 미드필더까지도 골고루 모두 잘해야만 하는 선수들로서만 즉 모든 포지션 골고루, 어느 정도씩은 모두 잘하는 그런 선수들로서만 팀을 구성하려 한다면 아마도 서초구나, 강남구에서만은 1등 할 수 있을지는 몰라도, 각각 포지션별 1명의 최고의 선수들로 구성되는 국가대표팀은 될 수 없을 것이다.

결국, 감독 즉 팀장의 역할은 한 개의 팀을 만들어 이끌어 나가는 데 있어 매우 중요하며, 같이 일하는 팀원들의 최고의 장점을 잘 살리지 못하거나 그 최고의 장점을 몰라서 팀원들에게 동기부여를 주지 못한다면 그런 사람은 영업부 팀장으로서 역할을 잘할 수가 없을 것이다. 자기 손에 아무리 좋은 보배로운 칼인 보검이 들어온다 해도 자기가 휘두를 줄 모르면 그 보물과 같은 칼은 고철 덩어리에 불과할 것이다. 아무리 자기 팀에 훌륭한 부하 직원들이 들어온다 해도 그들을 팀장이 잘 다스리지 못한다면 그 훌륭한 팀원은 그 팀에서 그의 능력을 다하지 못하고 점점 도태될 것이다. 결국, 서로가 불행해지는 것이다.

그만큼 영업부 팀장은 무엇보다 우선적으로 팀원들의 장점을 키울 수 있는 능력이 필요하다. 팀원들이 무엇을 잘못해서 혼을 낸다면 반드시 혼을 내는 목적이 뚜렷해야 한다. 만일 내가 우리 집의 아이들을 무슨 일로 혼을 낸다면, 내가 아이들이 미워서 혼을 내겠는가? 내 목적은 다음부터는 그러지 않았으면 하는 마음으로 야단을 치는 것이다. 마찬가지로 팀장이 팀원들을 야단친다면 다음부터는 그러지 않았으면 하는 목적이 뚜렷해야 한다. 그리고 목적이 뚜렷하다면, 사람마다 어떻게 혼을 내는 것이 가장 효과적인가를 생각해서 그 혼내는 방법도 달라져야 할 것이다. 어떤 사람은 정말로 야단을 치던지, 어떤 사람은 허심탄회하게 대화를 하던지, 어떤 사람은 밥을 먹으면서 이야기를 하든지, 각각의 팀원마다 가장 효과적인 방법으로 접근해야 하고 또한, 부하 직원이 만일 일을 계속적으로 잘못한다는 것은 나의 잘못은 없는지도 한 번쯤 뒤돌아봐야 할 것이다. 혹시 내가 지시를 혼란스럽게 내린 것은 아닌지, 어차피 안 되는 것을 내가 무리하게 요구한 것은 아닌지.

만일 그렇다면 부하 직원을 아무리 혼내도 아무 소용이 없는 것이다. 결국, 문제는 나에게 있기 때문이다. 맨 앞장에서도 한번 말했지만 필자는 적어도 영업부의 리더라면 영업적으로는 반드시 좋은 성과를 내야 한다고 생각한다. 즉 좋은 성과를 내지 못하면 리더가 아니다. 좋은 성과를 반드시 내야 하는데 본인이 아닌 팀원들을 통해서 좋은 성과를 낼 줄 알아야만 진정한 리더라고 생각한다는 것이다. 항상 남는 것은 사람이다. 무슨 장사를 하더라도 손님이 들어오면 그 손님으로부터 돈을 얼마를 남길까를 생각하기보다는 그 손님 자체를 남길 줄 알아야 그 장사가 성공할 것이다. 그 손님을 남겨야 다음번에 그 손님이 다른 사람을 또 데려올 수 있기 때문이다. 공자는 "근자열원자래"라고 했고 이는 "가까이 있는 사람을 기쁘게 해줘야 멀리 있는 사람이 찾아온다"라는 뜻으로 벌써 오래전에 이런 뜻을 강조했다.

즉 자기와 한 팀에서 매일 같이 일하는 동료의 마음을 배려하지 못하고, 존중하지 못하는 사람이 어찌 우리의 거래처에 가서 거래처를 존중하고, 배려해서 상호 동반상승을 이룰 수 있겠는가? 이루어진다면 다만 운이 좋았을 뿐이고, 이런 영업에 익숙하게 되면 계속적으로 기도하는 마음으로만 영업해야 한다. '그리 설마 그리되지는 않을 거야.' '잘 되겠지.' '경쟁사가 이리이리 돼야 할 텐데.' 이래서 이런 영업사원의 영업실적은 징검다리식으로 들쑥날쑥 한 것이며, 늘 불안하며 자기 영업에 대한 확신과 자신이 없는 것이다. 실력이 뒷받침되지 않는 운은 따른다 하더라도 오랫동안 계속될 수는 없다.

결론적으로 결국 '일 잘하는 사람'이 바른 평가를 받아서 그에 따른 정당한 보상을 받아야 한다. 팀장이나, 상사는 이에 대한 막중한 책임이 따른다. 앞부분에서도 간단히 이야기했듯이 영업부에서 일 잘하는 사람은 영업적인 스코어는 기본인 것이고, 결국 주변에 좋은 영향력을 많이 끼치는 사람이 일 잘하는 사람이기도 한데 사람과 사람이 만나서 영업을 하는 우리에게 동기부여가, 영업사원의 사기가 매우 중요한 것을 생각하면 결국 자기 주변 사람들에게 긍정적인, 기분 좋은 영향력을 많이 끼치는 사람이 일을 잘한다고 볼 수 있다. 반대로 주변에 안 좋은 영향력을 끼치는 사람이 순간적인 착시현상으로 승진하고 또 보상받는다면, 그것을 주변에서 바라보는 보통의 많은 다른 팀원들의 사기는 많이 저하될 것이다. 자기 영업팀의 팀원들에게 긍정적인 영향력을 끼치는 사람과 부정적인 영향력을 끼치는 사람을 비교 생각해보면 모두 쉽게 이해될 것이라 생각한다. 영업부는 팀워크와 직원들의 사기가 제일 중요하다.

플랜, 처방이 안 먹히는 이유

　무엇이든지 뭔가가 잘 안된다면 이유가 있을 것이다. 시험을 못 보았다면 거기에는 반드시 원인과 이유가 있을 것이다. 남자와 여자가 연애를 하다가 헤어지면 이유가 있는 것이다. 뻐꾸기가 운다면 뻐꾸기가 우는 데도 이유가 있는 것이다. 영업도 마찬가지다. 실적이 나쁘면 그 이유가 있다. 실적이 계속 많이 나쁘면 거기에는 더욱더 분명한 이유가 있을 것이다.

　영업을 하다 보면 실적에 대해 팀원들과 이야기할 기회가 많다. "A님 이 달 실적은 어떨 것 같은가요?" "좀 힘들 듯합니다." "그래요? 그럼 다음 달은 어떨 것 같아요?" "다음 달도 조금 힘들 듯한데요." "그래요? 그럼 그 다다음 달은요?" "그때도 그리 잘 될 것 같지는 않습니다." 이렇게 대답이 나온다면, 이건 분명히 잘못되고 있는 것이다. 적어도 "이달은 힘듭니다" "다음 달도 힘들 것입니다" "그러나 다 다음 달부터는 좋아질 것 같습니다"라는 말을 영업사원이 한다면, 그나마 지금은 힘들지만, 방향만큼은 제대로 가는 것이다. 그래도 자기 거래처의 숫자에 대해 가장 민감한 담당 영업사원이 앞으로도 계속 힘들 것 같다고 생각하는 것은 분명히 지금의 영업 방향이 뭔가는 틀린 것이며, 뭔가가 잘못되고 있다는 것이다.

그 '뭔가'를 찾는 것이 중요하고, 그 '뭔가'를 찾지 않고 또 다른 '뭔가'를 한다면 그 뭔가 때문에 일은 점점 힘들어질 것이고, 그 뭔가를 늦게 찾으면 늦게 찾을수록 손해는 점점 커질 것이다. 마치 불량이 생기면 즉시 고치는 데에는 1의 원가가 들고, 책임소재를 규명하거나 문책당할 것이 두려워 불량사실을 숨기고 그대로 기업의 문을 나서면 10의 비용이 들며, 이것이 고객 손에 들어가서 손해배상 청구건이 되면 100이 든다는 '페덱스의 법칙'처럼 말이다.

즉 무슨 문제가 생기면 먼저 정확한 '진단'을 한 후에 그에 맞는 '처방'을, 그에 맞는 '플랜'을 해야 한다는 것이다. 정확한 진단 없이 처방했는데 즉 영업실적이 안 좋아서, 정확히 원인도 모르는 채 뭔가 하나를 어찌어찌해서 좋아질 리는 없는 것이고, 만일 어쩌다 영업실적이 좋아졌다면 그것은 단순히 운이 좋았든지 아니면 영업부서와는 관계없는 어떤 다른 영향이 있었을 것이다. 즉 영업 실력으로 해결된 것이 아니다. 경쟁사가 스스로 망가져 주던지, 대한민국의 영업 트렌드가 내가 하는 영업분야로 몰렸던지, 갑자기 생각지도 않았던 중국인들, 일본인들이 몰려 들어와서 영업이 잘되었든지 아니면 영업부서가 아닌 연구소나 마케팅에서 아주 획기적인 뭔가를 만들어서 저절로 영업이 잘되었든지 하는 것일 것이다. 이런 식의 해결은 근본적인 해결과 처방이 아니므로 조만간 비슷한 문제나 또 다른 문제를 유발할 것이고 이는 결국 또 다른 회사의 막대한 돈으로 치유해야 할 것이다.

영업 고수와 영업 하수의 차이

이렇게 남의 실력에 기대어, 남의 운에 기대어 영업실적이 자동으로 올라간 것을 마치 자기 영업 실력으로 올라간 것으로 생각한다면 이 영업사원 또한 영업 하수일 뿐이다. 그렇다. 자기 노력이 아닌 자기 실력이 아닌 '운'에 의한 영업은 아무나 할 수 있다. 그냥 잘되기를 바라면 된다. 잘 되면 내 탓이고, 안 되면 남의 탓인 것처럼 말이다. 그리고 살다 보면 정말로 '운'이 좋은 사람도 이는 듯하다.

필자가 어느 팀에 새로이 가거나, 직장생활을 처음 하는 신입사원들을 만나면 우스갯소리로 직장생활 하는 데 있어서 절대로 대들면 안 되는 사람이 둘이 있다고, 절대로 맹복종해야 한다고 이야기한다. 그 둘 중의 하나는 회사 오너와 그의 가족들이고, 나머지 하나는 '운'이 좋은 사람. 그 사람들은 절대로 건들지 말라고 이야기한다.

그러나 아무튼, 이런 '운'은 아주 극소수의 몇몇 사람에게만 해당하는 말일 것이다. 만일 운에 의한 영업을 말하고자 했다면 지금 이 책도 적을 필요가 없을 것이다. 미아리의 유명한 점집을 찾아가는 것이 빠를 것이다. 바닥이 매우 불안정한 해운대 모래사장에 특별한 장치도 없이 아파트를 크게 지어놓고, 만일 태풍이 오면 아파트가 무너질 것을 걱정해서 매년 태풍이 오지 말아야 하는데, 오지 않기만을 바란다면, 그런 식으로 남의 환경의 변화나 운을 바라면서 영업을 한다면 그 영업사원 또한 영업은 안 하는 것이 좋다. 왜냐하면, 시간이 지나면 언젠가는 태풍이 반드시 오기 때문이다. 그리고 태풍은 지금껏 쌓아왔던 모든 것을 한 방에 휩쓸고 가버리기 때문이다.

우리는 영업실적이 계속적으로 떨어진다면, 그리고 떨어질 것 같으면, 다른 일을 계속 벌여나가는 것보다는 제일 먼저 그 이유를 명확히 찾아야 할 것이다. 밑바닥이 빠진 항아리에 계속 물을 부어봐야 물은 계속 밑으로 빠지는 것이다. 보통의 어느 영업부서라면, 그달에 영업목표를 꼭 가야 하는데, 그 목표달성이 힘들 듯하면 이유 불문하고, 일단 그 해당 월의 목표달성을 해야 하므로 그 즉시 영업 강화 플랜을 만들어 영업활동에 반영한다. 단기간에 즉시 할 수 있는 영업 강화 플랜이 뭐가 있겠는가? 돈을 사용하는 플랜이 대부분인 것이다. 단기적으로 추가적인 가격 관련 밸류를 더 준다든지, 진행 중인 매장 내 행사의 매출 증진을 위하여, 증정품이나 인건비 지원을 더욱 강화한다든지, 영업하는 사람들의 단기적인 동기부여를 위해 인센티브를 사용한다든지 등의 방법이 있다.

그러나 확실한 원인을 모르는 상태에서 단기적인 영업성과만을 위해 진행하는 땜질식 처방은 같은 영업사원으로서 많이 안타깝지만, 이는 영업 하수들의 전형적인 영업형태이다. 먼저 영업이 잘 안된다면 이유가 반드시 있기 마련이므로 그것을 먼저 정확히 파악해야 한다. 몸이 아파서 병원에 간다면 정확한 진단과 처방이 있어야 몸을 치유할 수 있듯이, 영업에서도 정확한 진단은 무엇보다도 중요하다. 정확한 진단 없이, 정확한 병명도 확인 못한 상태로 처방 후, 약을 복용하면 부작용만을, 더 큰 사태를 불러올 수도 있는 것이다. 만일 병원에서도 배가 아픈데 진단도 안 하거나, 진단을 잘못하여 두통약을 처방해주면 돈은 돈대로 들어가고, 병은 낫지도 않고, 몸은 몸대로 계속 아플 뿐이다. 우리가 몸이 아파서 병원에 가면 의사들은 제일 먼저 환자에게 물어본다 "어디가 불편하세요?", "배가 아픕니다"라고 말하고 나면 그때 의사는 청진기를 대든지, 엑스레이를 찍든지 해서 정확한 병명을 먼저 진단하고 거기에 맞는 약을 주든지, 주사를 놓든지, 수술을 하든지 등의 정확한 처방으로서 병을 고칠 수 있다. 명의와 돌팔이 의사의 차이점은 병명을 정확히 진단할 수 있는가 없는가의 차이이고, 그에 따른 정확한 처방을 할 수 있는가 없는가의 차이인듯하다.

영업 고수와 영업 하수의 차이점은 영업의 문제점을 정확히 진단할 수 있는가 없는가의 차이이고, 그에 따른 정확한 처방을 할 수 있는가 없는가의 차이인 듯하다. 영업적인 성과에 문제가 있다면, 간부들은 먼저 해당 영업사원들을 불러 정확히 어디가 문제인지 아니면 어떤 것이 문제인지를 자세히 들어보고 나서, 의사가 청진기를 대듯이 여러 가지 주변의 환경적인 요소를 정확히 살펴보아야 한다. 즉 경쟁사 환경이라든지, 거래처 환경이라든지, 아니면 자체 이슈라든지, 제품 이슈라든지 등을 면밀히 체크한 후에 원인을 찾아 이야기하고, 그에 따른 처방을 영업사원들에게 적절히 내려주어야 한다.

제일 안 좋은 것은 정확한 영업적 진단 없이 함부로 처방을 하고 더군다나 확신도 없이 제일 쉬운 방법으로 무조건 시행하고 보는 것이다. 영업이 힘들다고 영업이 힘든 원인도 모른 채 가장 쉽고, 마치 만병통치약처럼 보이는 돈으로만 모든 것을 해결하려는 영업은 오래 가지도 못하고, 궁극적으로 경쟁사를 이길 수 없게 된다.

다시 말하지만, 영업적으로 힘들 때 영업 못 하는 사람들이 제일 먼저 생각하는 것은 원인이 아닌 인센티브 아니면 즉흥적인 가격 할인과 같은 가격적인 밸류 드라이브다. 급하다고 해서 바로 어떤 돈을 쓰거나, 바로 판매가격, 증정품 등을 건드리면서 하는 영업은 궁극적인 해결책이 아니다. 이것에 대한 부작용은 나중에 이보다 훨씬 더 많은 돈으로써 치료해야 한다.

영업부에서는 이런 것들을 보통 마약과 비슷하다고 말한다. 마약은 효과가 바로 나타나지만, 중독성이 심해서 점점 투약하는 양을 조금씩 늘려 나가야 하는 것이다. 즉 오늘은 주사 한 방을 맞지만, 내일은 두 방을, 그다음 날은 세 방을 맞아야 하는 것처럼 영업적으로 문제가 있는 상황에서 정확한 진단 없이 돈에 의한 프로모션을 생각했다고 하면, 마약과 마찬가지로 일시적이고, 단기적인 효과는 즉시 명확히 나타날 수 있지만, 그 후유증과 부작용은 매우 심각하다. 소비자들을 그 내린 가격에 바로 익숙하게 함으로써 오늘 100원에 팔았다면 내일은 99원이 그리고 그 다음 날은 98원에 팔아야 하는 것처럼 근본적인 해결책이 될 수는 없다. 아니 오히려 병을 점점 더 악화시키는, 영업을 점점 더 힘들게 만드는 것이다.

그러나 영업 초보자들은 마치 돌팔이 의사가 환자 몸에 감기만 들어도 가장 쉽게 간단히 처치하려고 부작용 관계없이 효과가 바로 나타나는 마약과 같은 것을 생각하는 것처럼, 경쟁사나 거래처의 주변 환경 고려 없이 바로 판매가격 하락이나 가격 밸류 증가만을 생각하게 된다. 만일 몸에 감기가 걸렸다면 이것은 약 먹지 않고 본인의 기초체력을 길러서 건강한 몸으로서 극복하는 것이 건강에 가장 좋은 것처럼, 영업에서도 웬만한 문제들은 처해있는 상황을 고려해서 시간이 조금 걸려도 기본적인 것을 보완함으로써 해결하는 것이 장기적이며 지속적인 건강한 영업 성장을 위해서 좋다. 부득이 약을 사용해야 한다면 정확한 진단 후에 정확한 처방으로서 약을 사용하듯이, 영업도 문제 발생 시에는 정확한 원인 파악 후, 그에 필요한 적절한 대응을 해야 한다.

다만 정말로 몸에 아주 심각한 병인 '암'과 같이 병세가 심각해서 모든 약이 다 무용지물이고, 도저히 어찌해 볼 도리가 없어서 병원에서도 마지막 처방으로서 마약을 한 번 쓴다면, 영업에서도 거래처와의 관계나 주변 환경이 너무나 안 좋아 어찌해 볼 도리가 없을 때는 마지막 처방으로서 가격 관련 프로모션이 필요한 것도 사실이다. 자기가 관리하는 거래처가 지금 감기에 걸린 건지 아니면 암에 걸린 건지는 본인들이 진단할 수 있을 것이다.

필자는 원칙을 철저히 지키면서 아주 가끔, 한 번씩 사용하는 약간의 반칙은 삶의 보물이고 활력소라고 생각한다. 그러나 평상시에도 원칙 없이, 원칙을 잘 안 지키는 사람이 또 거기에 가끔이라도 반칙까지 사용한다면 이것은 범죄가 될 것이다. 세무원칙을 완벽히 알고, 평소에도 원칙을 충실히 잘 지키는 세무사가 세금을 절약한다면 이는 절세이지만, 세무상식도 모르고 평소에도 세무원칙을 잘 안 지키는 사람이 세금을 절약하려 한다면 이는 탈세가 될 확률이 높다.

오랫동안 회사에 다니다 보니 정책에 실패하는 경우를 많이 본다. 어느 한 사람의 아이디어로서, 아니면 윗사람이 지시했으니깐 담당자로서의 의견이나 생각도 없이 지시받았으니깐 해야 한다는 생각으로 거창하게 추진했다가 오래되지 않아 결국 다시 포기하거나 아니면 슬그머니 없어지는 것처럼, 많은 사람이 반대한 플랜을 이상한 논리와 자기 성과만의 욕심으로 잘못된 진단으로서 추진하더니, 플랜의 반도 안 되는 성과가 나옴으로써 우왕좌왕하고, 결국 결과적으로 이러한 것들은 자기 팀원들의 사기와 자신감만을 빼앗을 뿐이다.

이러한 사람과 같이 일하는 팀의 직원과 회사는 모두 힘들다. 결국, 그 팀의 직원들은 두 번, 세 번 반복된 일을 하게 된다. 만약에 자기가 잘 모르겠거나 확신이 없으면 주변 사람들에게 물어보고 신중에 신중을 기하여 정확한 진단 후에 플랜을 만들고 그래도 잘 모르겠으면 차라리 아무것도 안 하는 것이 좋다. 간부 1명의 확신 없이 자존심으로 추진하는 잘못된 결정은 결국, 돈으로 그리고 부하 직원들이 두 번, 세 번 똑같은 일을 반복함으로써 결국 메꿔지게 된다.

한 번 오진하는 돌팔이 의사는 계속 오진할 소지가 많다. 그런 병원은 가지도 말고 멀리하는 것이 건강에 좋다. 자기 병원에서 정확히 진단할 자신이 없거나 병을 고칠 자신이 없으면, 다른 병원이나 다른 종합병원으로 환자를 보내는 것이 환자나 의사에게 모두 좋은 것이다. 병을 못 고치면 의사를 바꿔야 한다. 병을 바꿀 수는 없다.

장사를 잘하려면 그들이 원하는 것을 팔아라

얼마 전 인공지능 알파고가 나와서 이세돌 바둑 9단과 대국을 펼치면서 상당히 주목받은 적이 있다. 시간이 많이 흐르고 흐른 후에, 많은 것들이 거의 모두 알파고로 대체 될 수 있지만, 결국 대체 할 수 없는 것 중에 하나가 '영업'이라는 말을 들었다. 그렇다. 세상에서 영업사원으로서 영업하다 보면 만나야 할 사람이 너무 많다. 그리고 막상 만나보면 얼굴 생김생김이 모두 다르고, 살아온 방식도, 말투도 모두 다르지만 결국 영업을 하기 위해 사람들을 만나보면 두 가지의 공통점이 나오는 것 같다.

먼저 하나는 본인의 이익을 극대화한다는 것이고, 두 번째는 결국 사람은 돌고 돌고 돈다는 것이다. 먼저 첫 번째 관련해서 본인이 추구하는 이익은 여러 가지의 형태가 있을 수 있다. 만일 물건을 사고판다면 대부분의 사는 사람은 좀 더 싸게 사려 하는 것이 본인의 목적이 될 것이고, 파는 사람은 파는 사람 본인의 이득을 극대화하고 싶을 것이다. 그리고 만일 어떤 영업사원이 회사의 신제품을 설명하는 자리라면 설명하는 사람의 입장에서는 신제품인만큼 당장의 이윤이나 판매보다도 신제품의 브랜드 이미지 제고에 좀 더 그들의 영업 목적을 둘 수도 있겠다.

이렇게 영업의 단기적인 목적은 모두 다 다를 수 있다. 그래서 상대방과 영업을 한다 하면 적어도 상대방이 원하는, 추구하는 목적이 뭔지, 그래서 영업하는 사람들은 적어도 나의 물건을 사는 사람들이나, 나의 아이디어를 사는 사람들이 최종적으로 나로부터 얻고자 하는 이득이 뭔지를 정확히 알고서, 거기에 초점을 맞추어 영업을 해야 할 것이다.

언젠가 A라는 유통업체에 회사에서 새로 나온 신제품을 가지고 가서 신제품을 설명하는 자리였다. 신제품이 출시되면 대부분의 영업사원들이 가장 먼저 생각하는 것은 보통 어떻게 하면 이 신제품을 자기가 담당하는 A라는 유통업체에 빨리 입점시키고, 좋은 위치에 넓은 진열 매대를 확보하면서, 가장 고객들이 많이 움직이는 자리에, 아주 넓게 초기 행사를 진행할 수 있을까를 고민한다. 여기까지는 신제품을 팔아야 하는 영업사원의 생각이고 반대로 그것을 구매하는 거래처의 바이어의 생각은 그럼 무엇일까? 바이어들도 신제품의 빠른 입점을 생각할까? 물론 그럴 수도 있다. 다른 마트에 들어가기 전에 자기 회사인 A 마트만 제일 먼저 입점해서 다른 마트와의 차별성을 생각할 수도 있다.

그럼 바이어가 영업사원 생각처럼 단지 신제품이라는 이유로 자기 매장에서 가장 좋은 자리에 넓은 매대를 주려고 고민할까? 물론 그럴 수도 있다. 신제품에 대하여 매대 입점비를 많이 받으려고 한다든지 아니면 신상품만을 좋아하는 고객들의 원하는 것을 충족시켜 주려 신제품의 매대를 아주 넓게 주어서 트렌드를 잘 반영하는 마트 이미지를 주고자 할 수도 있을 것이다. 또한, 신제품에 대하여 어느 마트에서 초기 입점 행사 자리를 아주 넓게, 좋은 곳에 준다면 아마도 영업사원은 신제품에 대한 매출을 가장 염두에 두는 반면, 바이어 입장에서는 고객들에게 신상품을 통하여 뉴스거리, 볼거리를 매장 안에서 연출하여 새로운 이미지로서 다른 매장과의 차별화를 생각할 수도 있다.

즉 이것은 영업의 당사자들, 사는 사람과 파는 사람 각각 그 사람들이 추구하는 목적과 이익이 각기 전혀 다른 방향으로 나타날 수 있다는 것이다. 그래서 영업이란 결국 파는 사람이 사는 사람의 이익이 무엇인지, 그들이 가장 원하는 것이 무엇인지를 제대로 파악 못 하고 파는 사람 입장에서만의 이익과 목적만 생각하려 한다면 아마도 그 영업은 잘되지 않을 것이다 즉, 영업은 사는 사람이 살 수 있는 명분을 만들어주고 그것을 집중적으로 활용하여야 한다. 예를 들어 비록 전년 대비 큰 성장이 없는 제품일지라도 마켓 세어가 상당히 높고, 낱개 당 판매가 4~5천 원짜리가 매장 안에서 월 10억 원 정도 팔린다면, 그 매대 앞으로 고객을 끌어모으는, 즉 트래픽에 대한 기여도는 매우 높은 것이고, 이것은 상당한 셀링 포인트이며, 사는 사람인 바이어에게 살 수 있는 명분을 또 다른 방식으로 주는 것이다.

언젠가 필자는 회사에서 신제품이 출시되어 담당 영업직원과 함께 주요 마트에 그 신제품을 성공적으로 입점시키고, 그 신제품에 대한 전반적인 영업활동을 지휘하기 위해 주요 마트의 바이어를 만났었다. 그 동행한 영업직원은 회사에서도 상당히 유능하다고 소문이 난 영업사원 중의 한 명이었으므로 막연히 잘하겠거니 하면서 그의 영업하는 행태를 지켜보았다.

그 영업사원은 역시 신제품 출시 배경에서부터 신제품의 콘셉트, 종류, 가격 구조와 거래처 마진까지 그리고 다른 나라에서의 성공사례 등 상당히 흥미로운 이야기를 나름대로 잘 풀어나갔었다. 그런데 바이어의 표정은 점점 무덤덤 아니 지루하고, 귀찮다는 표정이었다. 바이어의 표정은 '그래서 뭐? 그래서 나더러 어쩌라고?' 하는 표정이었다.

즉 바이어는 이 신제품이 다른 나라에서의 성공사례, 콘셉트 등 이런 것도 중요하지만 결국 자기 마트에서 이 신제품을 취급했을 때 궁극적으로 이 제품이 자기 마트에 어떤 특별한 이득을 줄 수 있는가가 더욱더 궁금한 것이었다. 마트 안에 매대는 항상 꽉 차있어서 어떤 신제품이 매대 안으로 추가로 들어간다는 것은 그 매대 안에 이미 진열되어 있었던 다른 상품의 진열 면적이 줄어든다든지 아니면 상품이 퇴출당해야 하는 것이고, 또 우리의 신제품이 들어감으로써 기존에 없었던 우리 제품을 위한 새로운 행사를 시작한다는 것은 마트 내 다른 제품들의 행사 기회와 행사 일수가 줄어든다든지 하는 상황이 불가피하게 벌어지므로 결국, 마트 전체의 이익증가를 생각하는 바이어로서는 추가로 들어오는 우리의 신제품이 이러한 모든 것을 상쇄하고도 남는 자기들만의 특별한 이득을 기대하는 것이었다.

마트 바이어 입장에서는 다른 나라에서 아무리 많이 팔렸어도, 제품 콘셉트가 아무리 좋아도, 자기 마트에서 취급했을 때 이점이 없고 안 팔린다면, 아무리 신상품이라도 취급할 이유가 별로 없을 것이다. 다시 말해 바이어는 우리의 영업직원이 우리의 신제품의 새로움과 특이성만을 오랫동안 강조하는 것보다는 자기가 우리의 신제품을 구매함으로써 얻을 수 있는 자기만의 특별한 이익에 대하여 좀 더 듣고 싶은 것이었다. 가령 이 신제품으로 인해서 자기 마트만의 특별한 독점 광고로 인해 마트의 지명도가 올라간다든지, 자기 마트만의 차별화된 특별한 프로모션으로서 고객의 만족도를 높일 수 있다든지, 자기 마트만이 다른 마트 대비 특별히 월등한 마진을 보장받는다든지, 초기입점 몇 개월 동안은 다른 마트보다는 자기 마트에서만 판촉활동을 특별히 강화해서 타 마트 대비 행사 경쟁력을 높여준다든지 등 말이다.

그래서 결론적으로 그 미팅의 결과는 별로 안 좋았었다. 생각해보면 당연한 것이다. 신제품을 입점시키려고 마트에 가서 바이어가 듣고 싶어하는 이야기는 아주 조금 간략히 하고 상대적으로 별로 관심 없는 이야기만을 장황하게 떠들었으니 말이다. 등을 긁어도 가장 가려운 곳을 긁어야 하는데 엉뚱하게 다른 곳만 열심히 긁은 것이다. 영업하는 데 있어서 상대방이 필요로 하는 것, 원하는 것을 파악하고 그것을 중심으로 중점적으로 셀링하는 것은 가장 기본이다. 또한, 마트뿐만 아니라 대부분의 회사들은 아마도 자체 운영하는 대리점이나 가맹점 등을 운영하므로 그 회사들은 대리점이나 가맹점들에 대해 비즈니스적인 기대치가 상당할 것이다. 그 대리점이나 가맹점을 통하여 회사의 보유 브랜드를 많이 노출시켜서 그 브랜드와 기업의 가치를 더욱더 올리고 싶어 하기 때문이다. 그래서 주기적으로 자신들이 운영하는 대리점이나 가맹점들에 대하여 영업 교육을 많이 하는데, 주로 판매 루트는 어떻게, 제품의 브랜드 노출은 이렇게 등을 많이 이야기하고 강조하지만, 정작 대리점이나 가맹점 사장님들의 가장 관심 있는 부분은 대리점이나 가맹점들이 결국 이 브랜드와 기업으로서 얼마나 많은 돈을 지금보다 더 버는가가 중요할 것이다.

회사의 브랜드 가치가 많이 올라가고 그래서 그 회사가 아주 유명해지고 큰 회사로 성장한다고 해도 대리점이 돈을 못 번다면 아무 소용없다고 생각한다. 다른 것들이 다 잘 되어도 소용없는 것이고 오로지 기준은 지금보다 얼마나 더 돈을 벌 수 있는가이다. 이런 부분을 생각`안 하고, 대리점이나 가맹점 점주들에게 회사가 하고자 하는 무엇무엇을 이야기하는 것의 결과와 이런 부분, 이런 상황을 잘 파악하고 거기에 맞추어 회사가 이야기하고자 하는 것의 비즈니스 결과는 많은 차이가 있을 것이다.

돌고 도는 사람 남기기

대부분의 사람들은 자기가 필요하고 원하는 것을 이야기해줄 때, 그리고 그것을 주제로 해서 이야기해줄 때 가장 호응도가 높다. 즉 팔고자 하는 사람은 사고자 하는 사람들이 원하는 것을 집중 활용하여야만 자기 물건을 잘 팔 수 있다. 필자는 어느 음식점을 가든지 거기서 제일 중요한 것은 '음식의 맛'이다. 그래서 한 번 가보고 맛이 없다고 생각되는 음식점은 절대로 안 간다. 그러나 필자와 친한 동료는 '음식의 양'을 중요시한다. 그 동료는 음식점을 한 번 가보고 음식의 양이 적으면 절대로 안 간다. 물론 맛도 좋고 양도 많은 그런 '대박' 음식점이 많으면 좋으련만 그런 음식점은 별로 없는 것 같다. 만일 음식점을 한다면 자기 음식점의 주요 고객이 무엇을 중시하는지 생각해봐야 할 것이다. 사고자 하는 사람들의 생각을, 원하는 것을 파악하지 못하면 팔고자 하는 물건을 팔 수 없을 것이다.

그리고 장사를 하는 사람이 중시해야 할 것은 사람인데, 어찌 되든 돌고 돌아 영업하면서 만나는 사람들은 어디서든지 다시 만나게 되어 있다. 아니면 다시 만날 확률이 높은 것이고, 예전에 만났을 때의 이미지가 현재의 나의 영업에 영향을 미치게 된다. 이것은 비단 영업만의 일은 아니고, 사람이란 언제든지 헤어졌다가도 다시 만날 수 있는 것 같다. 특히 특별한 인연이 있는 사람들이라면 더욱더 그런 것 같다. 배운 게 도둑질이라고, 영업하는 사람은 결국 회사를 바꿔도 직종을 바꿔도 영업 분야에서 일하게 되고, 유통을 하는 사람은 일을 바꿔도, 직종을 바꿔도 결국 다시 유통업에서 일하는 경우가 많다. 그래서 한 번 좋은 인연을 맺으면, 두고두고 서로 도움 주고 서로 의지하는 좋은 친구가 된다.

이 책의 앞장에서도 이야기했듯이 필자는 영업으로서 사회생활을 처음 시작한 것이 아니라, 일반 대기업 총무부에서 바이어의 역할을 함으로써 회사생활을 시작했다. 그 당시 회사가 크다 보니 필자는 비품을 구매해야 하는 이른바 큰 손 바이어였고, 필자에게 그 회사 비품을 팔기 위해 찾아오는 영업사원들은 매우 많았다. 필자는 지금도 옛날의 그 당시 회사 동료들을 만나서 그 당시에 바이어로서 일할 때 가장 좋았던 것을 이야기할 때면, 1초의 망설임도 없이 "그 당시에 내가 바이어로서 많은 사람들이 나를 찾아와서 그때 많은 사람들을 알고, 사귈 수 있었다" "나는 그런 기회를 가질 수 있어서 너무 좋았었다"라고 이야기한다.

결국, 그런 사람들은 필자의 소중한 자산이고, 정말로 그들 중 일부는 내가 영업부서로 처음 배치받아 내가 헤매고 있을 때, 나에게 영업적인 조언 등 많은 도움을 주었고 그때 그것은 큰 힘이 되었다. 결국, 또 남는 것은 사람이라는 것을 한 번 더 생각나게 했다. 그래서 아무튼 모든 영업이 결국 로봇이 해줄 수 없는 분야이고 사람과 사람이 만나서 주고받고 거래를 하는 것이므로 그 만나는 사람과의 관계는 매우 중요하다.

무엇보다도 신뢰를 주어야 한다. 우리처럼 회사의 소속으로서 어느 유통업체와 지속적인 거래를 하는 사람들이라면 더욱더 그런 것이다. 어느 좌판이나 길에서 오며 가며 오늘 처음 보는 불특정 다수의 사람에게 물건을 파는 것이라면 사실 신뢰보다는 순간적으로 발휘되는 언변의 기술로 매력적으로 손님을 확 끌어당기는 프로모션이 가미된 힘, 그런 순발력과 순간적인 폭발력이 강력한 영업력이 필요하지만, 이미 말했듯이 특정 유통업체와 지속적으로 거래를 해야 하는 영업사원 즉, 영업이라기보다는 납품에 가까운 영업을 하는 사람들은 '상호 신뢰'가 무엇보다 중요하다.

그래서 영업적으로 상대방에게 신뢰감을 주려면 보통은 주기적이고, 규칙적인 만남에 의해서 자연스럽게 이루어지는데, 마치 이 사람이 이맘때쯤이면 올 것 같은데 하면 나타나 주는 그 정도의 신뢰감을 상대편에게 주고 상호 간에 이야기를 많이 듣고 계속 만나는 사람의 생각을 읽음으로서 그 사람이 원하는 것을 미리 파악하게 된다. 그래서 같이 생각하고 같이 만들어지는 플랜에 의해 영업 성공률이 높아지는 것이다. 그리고 이를 통해서 비로소 상호 신뢰가 한 번 더 구축되면, 이것이 오랫동안 영업활동을 하는 데 있어 가장 중요한 밑거름이 될 것이다. 결국, 영업은 얼마나 많은 사람으로부터 신뢰받고, 그 사람들을 얼마나 많이 남기는가에 따라 장기적인 영업성과와 영업사원으로서의 수명이 달라질 것이다.

영업 실력 늘리기

영업뿐만이 아니라 어느 무엇을 하더라도 기본은 매우 중요하다. 보통 어느 스포츠를 어디 가서 배워도 그곳의 코치는 기본기를 중요하게 강조한다. 어느 스포츠 중계를 보다 보면 거기의 해설자가 주로 하는 말 중에 "저 선수는 기본기가 아주 잘 되어 있어요"라고 기본기가 중요하다고 이야기하는 것을 자주 듣는다.

필자는 아주 오래전 신입사원 시절에 겨울만 되면 용평 스키장으로 스키를 즐기러 다녔다. 누구에게나, 어느 것이나 맨 처음이라는 시절이 있듯이, 필자는 친구들과 맨 처음 스키를 즐기면서 누구에게 특별히 배운 것이 아니라 젊은 혈기에 무작정 리프트를 타고 산꼭대기로 올라가서 뒹굴면서, 넘어지면서 나 혼자 스키를 배우고 즐겼다. 그런데 이것도 자주 하다 보니 나도 모르게 어느새 실력은 용평리조트의 최상급자 코스를 올라가도 단 한 번도 넘어지지 않고 맨 밑에까지 내려올 수 있는 실력이 되었다. 그래서 그걸 나름 혼자 즐겼고, '나도 이제 내 스키 실력이 어느 정도 되는구나' 하며 혼자 대견해 했다.

그러던 어느 날 친한 친구 한 명이 필자에게 내기를 제안했다. 누가 먼저 산꼭대기에서 산 밑으로 내려가는지 저녁 내기를 하자는 것이었다. 필자는 그 당시 너무나 자신이 있었으므로 흔쾌히 받아들이고 내기를 하였으나, 결과는 필자의 완패였다. 친구는 필자에게 "너는 자세가 안 좋아"라고 말하면서 필자가 스키 타는 장면과 자기가 스키 타는 장면을 캠코더로 찍어 비교하면서 보여주는데 친구의 자세는 너무 멋진, 제대로 된 스키선수의 자세가 나오는 반면 필자의 자세는 말 그대로 내가 봐도 너무 엉성했다. 내가 스키 타는 자세는 내가 스스로 볼 수가 없었다. 다만 혼자 상상하고 착각하는 것일 뿐이었다. 무지 멋있을 것이라고 말이다. 친구는 필자에게 "너는 자세가 안 좋아서 속도가 더 이상 붙을 수 없어. 더 이상은 실력이 안 늘어. 그리고 자세가 안 좋은 것은 기본기가 없어서 그래"라고 말했다. 스포츠에서는 자세가 좋아야 실력이 붙는 것이다. 자세가 좋아지려면 기본기가 아주 탄탄해야 하는 것처럼 말이다.

영업도 마찬가지이다. 기본기가 매우 중요하다. 영업환경이 모두 다르고, 영업직종이 모두 달라 기본기가 뭐라고 딱 꼬집어 말할 수는 없으나 회사마다 자체적으로 보유한 무수히 많은 영업교육 프로그램이 있을 것이다. 그것을 무시하거나 소홀히 하지 말고 일단 이해하려고 노력해야 할 것이다. 그렇지만 많은 회사에서 이야기하는 교육 프로그램은, 우리가 지금 하는 것을 좀 더 잘하게끔 도와주는, 우리가 학교 다닐 때 예를 들면 마치 수학의 정석과 같은 참고서일 뿐이다. 만일 지금 이 시간에 '수학의 정석'이라는 참고서를 필자에게 주면서, 이것을 참고하면서 작년에 나왔던 수능 수학 문제를 풀어보라고 하면 하나도 못 풀 것이다. 또한, 머리 좋고 공부 잘하는 일류대학 학생에게 회사의 영업교육 프로그램을 회사에서 교육시키고 바로 현장에서 영업을 해보라고 하면 그 학생도 아마 잘하지는 못할 것이다. 이는 이론을 바탕으로 한 충분한 연습문제 풀이 과정이 생략되어서 그런 것이다. 머리가 좋아서 회사에서 가르치는 많은 영업교육 프로그램을 모두 이해하고 달달 외운다고 해서 영업을 잘하는 것은 절대 아니다. 학생들이 학교에서 배우는 수학의 정석처럼 회사의 영업교육 프로그램이나 이 책의 내용들도 그저 하나의 가이드이고 참고서 같은 역할만을 하는 것뿐이므로, 이것을 잘 연습하고, 어떻게 활용하는가에 따라서 수학 우등생도 되고 영업을 잘한다는 소리도 듣는 것이다. 학생들이 수학의 정석을 이해하고, 숙지하고, 그리고 많은 연습문제를 풀어 봐야만 비로소 제한된 공간과 한정된 시간에 시험 문제를 풀어야 하는 수능시험에서 좋은 점수를 얻듯이, 영업에서도 회사 영업교육 프로그램이 있다면 그것을 충실히, 이해하고, 숙지한 다음에, 매장에 가서 많이 활용해보는 것이 연습이므로, 연습문제 풀듯이 많은 매장을 다니면서, 배운 것을 적용하고, 많이 활용해봐야 한다.

그래야 진짜로 중요한 바이어와 거래처라는 제한된 공간에서 한 시간이라는 한정된 시간에 하고자 하는 이야기를 술술 풀어서 좋은 미팅의 결과를 만들 수 있는 것처럼, 이 책을 모두 읽고, 이해하고 많은 매장에 가서 실제로 실행해보려는 노력을 많이 해보는 영업사원만이 특별한 성과를 맛볼 수 있을 것이다. 수학문제도 그렇듯이 이론적으로만 듣고, 연습문제를 푸는 과정을 생략하면 좋은 성적을 얻을 수 없듯이, 영업도 이론적으로만 사무실에서 배우고, 매장 가서 이것을 실행해보는 연습과정을 생략하면 머릿속으로는 모두 알 것 같지만 결국 머릿속에서만 빙빙 돌아 정작 거래처의 사무실 안 바이어 앞에서는 하고 싶은 이야기를 제대로 할 수가 없다.

영업 성과가 만들어지는 과정

우리는 보통 회사의 영업부에 오래 근무하고, 영업을 제법 잘한다는 소리를 들으면 영업현장이 아니라 영업 판매 플랜을 기획하는 부서로 이동하는 기회가 오듯이 필자에게도 그런 기회가 있었다. 어떤 특별한 시기에 어떤 제품의 판촉을 위하여 판촉기획을 만들어 회사 내 모든 영업사원들에게 한방에 뿌리면 각각의 영업사원들은 자기가 맡은 담당 거래처로 가서 그것을 설명하고 그 매장 내에서 각자 담당하는 매장 환경에 맞는 판촉행사를 하여 그 특별한 기간에 특별한 성과와 매출을 만들어 내는 그런 플랜이었는데, 결과는 영업사원 모두가 제각기 다른 것이었다.

영업사원마다 각각 내가 만들어준 이 판촉 플랜을 자기가 담당하는 거래처로 가지고 가서 이것을 잘 설명하고 팔아와야 하는데, 영업사원들이 각각 이야기하는 행태나 방법도 모두 다르고, 그것을 실행하는 방법도, 실행규모도 모두 달라서 그 판촉행사로 인해서 나오는 매출도 누구는 많이 나오고 누구는 적게 나오고 결과가 모두 다르게 나타난 것이다. 매출 결과의 차이는, 영업은 사람이 사람을 만나서 이야기하는 것이므로, 먼저 그들의 성향과 실정을 이해하고 맞추어 그들이 원하는 형태로 행사를 제안했을 때 그들로부터 전폭적인 지원을 받아서 행사 위치나 크기가 우리가 원하는 만큼 나올 수 있는 것이다. 그렇게 해서 결론적으로 정해진 행사 기간 동안 행사 매출을 크게 나오게 하는 것이 가장 중요한데, 이러한 연습문제 풀이과정을 누가 누가 반복적으로 많이 연습하고 실행했느냐에 따라서 영업 실력이 많이 차이 나는 것이다.

가끔 텔레비전의 예능프로그램을 보면 산속으로 혼자 들어가서 혼자 무술을 오랫동안 연마해서 자칭 무술 도사가 되어 방송에 출연하여 무술 실력을 뽐내는 사람들을 본다. 이런 분들을 무시하는 것이 아니라 이해를 돕기 위해서 이야기하면 이런 사람들과 제대로 된 무술 도장에서 국가대표 사범들에게 착실히, 기본기부터 배워서 연습하여 국가대표가 되는 사람들의 차이는 뭘까? 결론적으로 말하면 산에서 혼자 무술 실력을 연마한 사람은 어느 정도의 무술 실력은 인정받을 수 있으나 결국, 국가대표는 될수가 없을 것이다. 산에서 혼자 무술 실력을 연마한 사람이나 무술 도장에서 기본기를 제대로 배우면서 무술을 연마한 사람에게 만일 송판 5장을 주어 격파를 하라고 하면 둘 다 깰 수 있을 것이다. 그러면 다시 송판 10장을 주어 격파해 보라고 하면 둘 다 깨기는 깰 것 같은데, 산에서 혼자서 무술을 연마한, 아무래도 기본기가 조금 부족한 사람은 아마도 자기 손도 같이 깨질 것 같다는 생각이 든다.

영업도 마찬가지이다. 회사 영업교육 프로그램을 숙지하고 매장을 부지런히 많이 다녀서 나름 기본기가 탄탄한 영업사원과 회사의 영업교육 프로그램과 같은 체계적인 교육 없이 혼자서 트럭을 몰고, 마트를 다니면서 오래된 경험과 경력만을 주 무기로 하는 영업사원에게 A라는 신제품을 주고 각각의 매장에 가서 팔아보라고 하면 영업사원 두 명 다 나름 잘 팔아 올 것이다. 하지만 그 다음 날도 또 그 다음 날도 그 매장에 가서 또 제품을 다시 팔아보라고 하면 비로소 차이가 나기 시작할 것이다. 나름 기본기가 탄탄한 영업사원은 오늘도 내일도 내일모레도 팔아올 확률이 높지만, 기본기 없이 자기 경험과 경력으로만 영업해 온 사람은 오늘은 팔아도 내일은 못 팔고, 내일모레는 팔기가 더욱더 힘들 것이다. 우리는 돌아다니면서 영업을 하는 소위 장돌뱅이 영업이 아니라 거의 지정된, 같은 거래처에서 지속적으로, 계속적으로 오랫동안 반복 영업을 해야 하기 때문에 상호 신뢰를 바탕으로 한 영업에서의 기본기는 매우 중요하다.

한 번은 지방의 아주 조그마한 대리점에 신제품을 교육하러 갔을 때의 일이다. 대리점 직원들에게 새로 나온 신제품에 대하여 교육을 하고, 각각의 소형 거래처에 이렇게 입점하라고 입점 목표도 말하고 마지막으로 질문받고 마치려는데, 그 지역에서만 10여 년 이상을 이런 종류의 영업만 해오신 나이 지긋하신, 나름 영업 좀 하신다는 영업부장님이 손을 들고 필자에게 질문을 하셨다. "저기여, 다 알겠는데요. 근데 슈퍼마켓 주인이 매장에 물건 많다고 신제품은 안 받는다고 하는데 입점을 어떻게 시키나요?" 잠시 황당했지만, 그때 필자 대답은 "그러면 입점 못 시키겠네요"였다. 이분은 그래도 그 지역에서 10여 년 이상 이 분야에서 나름 영업을 하신다고 하셨지만, 필자가 볼 때는 영업의 기본기가 전혀 없는 단지 오래된 경험과 경력만으로, 입심으로만 영업을 쭉 해오신 분이었다. 그리고 곧바로 필자의 대답은 "알겠어요. 알겠으니 내일부터라도 매장 방문계획서 잘 작성하셔서 거기 일정처럼 영업활동에 전념해주시기 바랍니다"라고 했더니 그분께서는 필자에게 다시 그건 이미 잘하고 있고, 지금 그건 중요치 않으니 그 슈퍼마켓에서 신제품 입점을 안 받겠다는데 어찌하면 입점할 수 있는지 입점하는 방법만을 알려달라는 것이었다. 그래서 필자의 대답은 "지금 당장은 아니지만, 신제품은 입점시키게 될 거니까 매장 방문계획서 작성하셔서 잘 진행해주세요"라고 말하니 그분은 계속 반복적인 말만 되풀이하는 것이었다.

이 분은 아까 이야기한 산에서 혼자 무술 연마를 하고 송판 10장을 깨다가 자기 손도 같이 부러지는 그런 경우인 것 같다. 자꾸만 필자에게 마치 송판 10장을, 어찌하면 자기 손이 안 부러지면서 송판을 깰 수 있는지 물어보는 경우와 같아서 필자의 대답은 "알겠어요. 송판 10장을 깨게 해드릴 테니 낼 아침부터 태권도의 가장 기본인 정권 찌르기 100번씩 잘 연습하셔야 해요"라고 대답을 하니 이 분은 다시 정권 찌르기 이런 건 지금 중요하지 않고, 그런 건 자기가 다 할 수 있는 것이니깐 결론적으로 송판 10장을 어찌하면 내 손을 다치지 않고 깰 수 있냐고 계속 물어보는 것이다. 송판 10장을 자기 손도 다치지 않고 매일 깨려면 기본기가 탄탄해야 하고 그 기본기를 기르려면 아침마다 가장 기본기인 정권 찌르기 100번씩 해야 기본기가 닦여서 결국 나중에는 무리 없이 자기 실력으로 송판을 깰 수 있는 것처럼, 영업의 가장 기본 중의 하나인 입점을 무리 없이 하려면 먼저 슈퍼마켓 사장과 어느 정도의 상호 신뢰를 바탕으로 한 파트너십이 형성되어 있어야 하고 그 파트너십이 형성되려면 일단 매장 방문계획서를 작성해서 그 계획서처럼 제대로 실행이 되어야 하는 것이다. 이 분은 이러한 부분을 전혀 고려치 않았다. 또 기본기가 없으면서 있는 척 또는 잘 알고 있다고 착각을 하여 중간에 연습문제 풀이 과정 없이 최종 결과만 쉽게 얻으려는 것이다.

배가 고프면 밥을 먹으면 된다. 밥 차려 먹는 것조차도 귀찮아서 밥상을 차리지 않고 저절로 배가 부를 방법만을 찾는 것이다. 그런 것은 없다. 즉 먼저도 이야기했지만, 영업의 가장 기본인 입점을 하려면 이론적인 무장을 하고 매장을 많이 다니면서 매장과의 파트너십을 튼튼히 쌓은 후에 비로소 입점 이야기를 그리고 매대 진열 이야기를 할 수 있는 것인데, 평상시 이런 기본적인 활동은 완전히 무시하고 신제품 입점 시기에만, 자기가 필요하니깐 그 슈퍼마켓에 가서 입점을 시켜 달라고 하니 입점이 제때, 제대로 될 수가 없는 것이다. 만일 어느 영업사원이 회사에서 제대로 된 신제품이 나왔는데도 입점에 대해 자신감이 없다면 아마도 그건 영업의 프로세스를 잘 이해하지 못해 뭔가를 소홀히 해서 관리하는 거래처에 대해 잘 모르기 때문에 불안한 것은 아닐지 생각해봐야 할 것이다.

각 영업팀별로 체크해야 할 핵심사항

한국에서 한국의 대표적인 대형유통회사들을 거래처로 두고서 영업을 해야 하는 일반적인 회사의 영업부라면 보통 영업부의 구성은 직거래팀, 대리점팀, 온라인팀으로 나누어진다. 물론 여기에 영업 플랜을 만들어내는 영업기획부서와 혹시 럭셔리한, 백화점에 입점할만한 브랜드를 가진 회사라면 영업방식이 완전히 다른 백화점이나 면세점 채널도 포함될 것이다.

만일 어느 누가 처음으로 영업을 시작한다고 하면 먼저 직거래팀을 경험하고 대리점팀과 온라인팀을 경험하고 나서 그리고 영업기획 부서를 담당한다면, 이 과정이 일련의 영업을 배우는 가장 바람직한 경로가 될 것이다. 다시 말해 이것이 가장 영업을 효과적으로, 이상적으로 배울 수 있는 길이다. 직거래를 가장 먼저 경험한다는 것은 마치 군대를 가면 제일 먼저 논산훈련소에 가서 군대 생활에 필요한 모든 것을, 가장 기본적인 것을 모두 다루어 보는 것처럼, 직거래 영업사원은 직거래 업무를 하면서 향후 영업사원으로서 해야 할 어느 정도의 기본적인 것을 모두 자기 손으로 익히고 배울 수 있는 기회가 주어진다.

즉 영업사원으로서 필요한 거의 모든 것을 '갑'을 조금씩 이해하면서 동시에 '을'의 입장으로서, 상대적으로 타 채널보다는 리얼하게 많이 접할 수 있다. 그래서 직거래에서 어느 정도의 성과를 내는 영업사원은 나중에 대리점을 담당해도, 온라인을 담당해도 무리 없이 영업의 흐름을 상대적으로 쉽게 이해할 수 있어서 연결되는 영업의 선상에서 계속적인 성과를 낼 가능성이 높다.

만일 직거래의 경험 없이 먼저 대리점이나 온라인에서 처음으로 영업을 시작하고, 직거래 영업을 두 번째로서 시작해야 한다면, 가능하다면 필자는 정말 영업 실력 있는 영업사원을 길러내고자 하는 욕심으로서, 직거래 영업을 마치고 나서 타 채널보다는 다시 한 번 더 대리점이나 온라인 영업을 해보는 것을 권장하고 싶다. 그렇게 되었을 때 비로소 영업의 본질을 더 깊게 이해하게 되고 대리점이나 온라인 영업도 훨씬 더 완성도 있게 본인의 역할을 이해하면서 실질적인 영업사원으로서의 역할을 할 수 있을 것이다. 장돌뱅이 영업이 아닌 우리는 거래처와 항상 '상호 동반 상승'을 이룰 수 있어야 하는 것을 잊으면 안 된다. 그러려면 먼저 직거래에서 유통영업을 이해하고, 그것을 근거로 대리점이 성장할 수 있는 방안을 대리점 사장과 함께 생각할 수 있어야 한다.

1. 직거래 영업

 그럼 간단히 각각 이런 부서들이 알아서 챙겨야 할 것과 중요시해야 하
는 핵심사항들을 조금씩 살펴보도록 하겠다. 먼저 직거래라 하면 보통은
제조회사와 유통회사가 중간에 어느 조직을 거치지 않고 상호 간 직접 거
래하는 방식으로, 흔히들 쉽게 한국의 대형 유통업체인 이마트, 홈플러스,
롯데마트 등의 할인점을 대표적으로 떠올릴 수 있다. 요즈음 들어서는 이
러한 대형마트들의 매장들이 너무 많은 과포화 상태이고 소비자들이 다른
채널로 이동하는 트렌드로 인해서 이러한 직거래처의 성장률이 정체되고,
예전에 비해 이들의 중요성이 점점 떨어진다는 말도 있으나, 직거래처에서
의 영업적인 역할과 의미는 아직도 매우 중요하다. 아니 정확히 말하면 전
체 매출액을 떠나서 아직도 직거래가 차지하는 그 의미와 상징성은 영업
에 있어서는 매우 중요하다.
 이게 보통의 경우라면 직거래에서 잘 안되는 영업이 대리점에서 잘 될
리 없고 온라인에서도 잘 될 수 없다. 결국, 많은 직거래 중의 하나인 할인
매장에서 어느 상품의 영업이 활성화되어 있어서 잘 나가는 상품을 넓고
크게 진열하는 할인점의 특징을 생각해 볼 때, 그 넓은 매대에 우리 제품
들로 넓게 진열되어 있다면 그 진열 자체만으로도 상품의 광고적인 역할을
톡톡히 하여 한국에서 잘 나가는 제품이라는 것을 광고하는 것이다. 비록
그 할인매장 자체적으로는 온라인이나, 지역 슈퍼마켓과 편의점으로 소비
자들이 점차 이동하는 유통 트렌드 상 매출 자체가 오르지 않고 정체되어
있다 하더라도 결국 이것이 대리점이나 온라인 등 타 채널의 매출에 막대
한 영향을 주는 것이므로 할인매장의 역할은 아직도 매우 중요하다.

즉 할인매장에서 든든하게 잘 받쳐 주어야 대리점 채널이나 온라인 채널에서도 잘 팔릴 수 있고 결과적으로도 다른 채널 즉 온라인이나 지역 슈퍼마켓에서도 매출을 견인하는 긍정적인 상황을 만들어 나가는 것이다. 회사 전체로 보았을 때의 할인점의 역할은 아직도 매우 중요하다.

이렇게 중요한 직거래 영업에서 가장 신경 써야 하고, 가장 중요한 부분은 결국 할인매장 내에서 진행하는 판촉행사 부분이다. 매장 내에서 어떤 상품이 판촉행사를 통하여 상당한 매출을 추가로 올리지 못해 매출이 하락한다면 결국 이미 만들어져 있는 그 상품의 본 매대 진열 면적의 축소는 시간문제일 것이고 결국 나중에는 그 할인매장에서 퇴출당할 것이기 때문이다.

그만큼 직거래 영업사원으로서는 추가적인 매출을 만들어내는 판촉행사를 자기 일의 제1의 우선순위로 생각해야 하고 거기에 가장 큰 공을 들이지 않으면 안 된다. 매출이 없어 할인매장에서 퇴출당하는 상품이 온라인 채널이나 대리점 채널에서 활성화될 수는 없을 것이다. 직거래처인 할인매장 내에서 행사를 진행할 때는 무엇보다도 행사 장소가 제일 중요하다. 지방의 변두리에서 100평 매장을 가지고 장사를 하는 것보다 서울 명동의 10평 매장이 훨씬 더 매출도 잘 나온다. 즉 매장 내에서의 행사는 행사 장소를 어디로 정하는가가 제일 중요하다.

매니저로서 가끔 자료를 보게 되면, 우리가 할인매장 내에서 행사를 전월 대비, 경쟁사 대비 훨씬 많이 했음에도 불구하고 매출이 계속적으로 하락하거나, 정체되어있는 경우를 가끔 보게 되는데, 이것의 주요 원인은 아마도 행사의 퀄리티 때문일 것이다. 할인매장 내에서 단순히 행사를 많이 하는 것은 중요하지 않다. 손님들이 많이 다니는 주요동선을 오랫동안 확보하면서 경쟁력 있게 하는 것이 중요하다.

예를 들면 A라는 할인매장에서는 상대적으로 자리가 좋은 1번 엔드 매대나 2번 엔드 매대에서 행사하는 것이 중요하지 5번이나 6번 엔드 매대처럼 거의 손님이 안 다니는 장소에서 행사를 많이 하는 것은 의미가 없고, 행사 비용 즉 돈만 낭비하는 결과가 나올 것이다. B라는 할인매장은 소비자가 많이 다니는 주요 통로 쪽에 깔리는 매대 즉 그 자리가 가장 행사 효율이 많이 나오는 자리이므로 이런 자리 이외에 장소에서 아무리 행사를 많이 해도 그 효과는 아주 적을 것이다. 또한, C라는 할인매장에서는 그 매장에서 특별히 내어 주는 넓직한 행사 장소를 잘 이용해야 한다. 만일 회사에서 할인매장에서 행사가 중요하다고 해서 행사를 강조하고, 체크해서 많이 실시했음에도 불구하고 매출이 안 오른다면 할인매장 내 행사 장소를, 행사 위치를 제일 먼저 체크해봐야 할 것이다.

이렇게 각각 유통업체별로 행사 매출을 올리는 데 있어 중요하고 특별한 자기들만이 드라이브하는 장소가 있음을 인식해야 한다. 장소가 좋다면 돌덩어리도 팔리는 게 아직도 할인매장이다. 이처럼 만일 직거래를 상대로 영업하는 영업사원이라면 매장 내에서 행사 진행을 어디서, 어떻게 할지를 가장 염두에 두면서 영업을 해야 한다.

매니저로서 오래전에 직거래 영업을 하는 사람들을 만나 이야기를 해보면 직거래 영업사원들을 세 부류로 갈라볼 수 있다. 우선 마치 영업을 처음 하는 것처럼, 상당히 오랜 기간 영업부에서 영업 관련 일을 했는데도 영업을 잘 모르거나 잘못 이해하는 사람들을 포함한 소위 '초짜'가 있다. 초짜들은 보통 공통된 특징을 가지고 있다. 그것은 매일매일 아주 성실히 거의 쉬는 시간 없이 하루종일 컴퓨터 앞에 앉아서 상사의 지시나, 거래처의 요구사항만을 위하여 아주 열심히 책상에서 그 일에만 몰두하는 그런 사람들일 것이다. 즉 영업에 대한 자기 생각 없이 지시나 요구사항만을 정리하여 상사나 거래처 바이어의 처분만을 기다리는 그런 스타일의 사람들이다. 즉 자기 혼자서 결정하고 실행하는 것이 왠지 불안하고, 자신이 없어서 누구의 도움 없이 혼자서는 비즈니스를 이끌어갈 수 없는 사람들이다.

보통 이런 사람들의 특징은, "비즈니스는 잘 되어 가지요? 별일 없으시지요?"라고 물어보면 "네. 그럼요"라고 대답하며, 자기 비즈니스는 잘되어 가고 있다고 한다. 마치 본인들은 뭘 하는지는 모르지만, 열심히 하니깐, 그리고 항상 바이어가 요청하는 것, 자기가 해야 할 일인지 아닌지는 모르지만, 주변에서 해달라고 하는 것을 아주 열심히 하고 있으므로 그것이 마치 궁극적으로 자기 할 일을 다 하는 것이고, 해달라는 것을 다해주니깐 비즈니스도 잘되고 있는 것이라고 착각한다. 그러면서도 월말만 되면 항상 실적 때문에 스트레스를 받으면서 그게 맞는 길이라고 생각한다. 더더욱이 간혹 보면 이런 상황에서도 자기 실적을 못 가면서도 월말에 자기 실적에 대한 스트레스를 거의 못 느끼는 사람이 있다. 이런 사람은 영업사원이 아니다. 그냥 사원인 것이다.

그러나 영업 실력 중간 정도 된다면, 어느 단계를 넘어 적어도 영업 중간 정도 되는 영업사원이라면, 아마도 컴퓨터 앞에 앉아서 일하는 시간보다는 거래처를 방문하여 거래처 바이어와 이야기하는 시간이 상대적으로 많아질 것이고, 또 영업 활동을 하면서 그 영업 내용을 이리저리 굴리면서 그것에 대해 좀 더 많이 생각하게 된다. 그래서 직거래 바이어에게 받은 어떤 요청사항을 처리한다 해도 그 요청사항에 대한 결과로 인해 그게 자기 영업활동에 어떤 영향력을 미치는지 생각하면서 일처리를 하게 되는 것이다.

그러다 영업이 많이 익숙한 고수가 되면 거래처의 요청으로 컴 앞에서 일하는 시간은 거의 없고 자기 영업에 대한 생각, 플랜에 대한 생각 등을 좀 더 많이 하게 된다. 즉 거래처와 미팅 첫 단계부터 어찌하면 거래처와 상생을 할 것인가를 생각하고, 거기에 중점을 두어, 거래처의 일방적인 숙제나 요구사항이 아닌 거래처와 같이 전략을 짜고 플랜을 만들어 어떻게 상호 동반 성장을 만들어 나갈까에 좀 더 집중한다.

2. 대리점 영업

대리점 영업의 경우는 대리점에서 자체적으로 거래하는 자기 근처의 작은 슈퍼마켓들, 즉 소위 커버리지라는 숫자가 제일 중요하다. 어느 특정 지역의 상세한 지도를 벽에 붙여놓고, 회사와 직접 거래하는 마트들을 표시하다 보면 회사와 거래를 안 하는 텅 빈 지역이 한눈에 들어오게 되는데 이런 지역들을 우리는 보통은 화이트스페이스라 부른다. 그 지역 대리점들은 이러한 화이트스페이스 안에 있는 마트들을 집중적으로 거래하여, 회사가 커버하지 못하는 슈퍼마켓을 대리점이 대신해서 커버해주는 것이다.

다시 말해 본래 대리점이라는 것은 회사 입장에서 볼 때 회사가 대리점과 거래해야 하는 가장 큰 이유 중의 하나는 제조회사가 대한민국 안에 있는 모든 슈퍼마켓을 직접적으로 거래하면 좋지만 여러 사정상 모든 슈퍼마켓과 직접적으로 거래를 할 수 없으므로, 회사가 거래할 수 없는 슈퍼마켓과 거래처들을 그 지역의 주변 대리점들이 제조회사를 대신하여 거래

해줌으로 해서, 회사가 취급하는 제품을 대한민국 구석구석 두루두루 빈 곳 없이 최대한 제품을 입점시키고 판매함으로써 회사 제품 브랜드의 인지도와 점유율 그리고 취급률을 올려주는 것이 대리점으로서의 제1의 역할과 책임이다.

그래서 대리점이 거래하는 슈퍼마켓의 숫자가(커버리지라 함) 많으면 많을수록, 제조회사의 제품이 두루두루 많이 진열될 수 있으므로 거래하는 슈퍼마켓의 수 즉 커버리지 숫자가 가장 중요한 것이다. 또한, 어느 지역 안에서의 대리점이 가진 커버리지의 구성과 역할을 보면 슈퍼마켓 안에 계산대가 한 개 정도뿐인 아주 작은 슈퍼마켓의 경우는 대리점 입장에서는 물건의 한 번 구매량이 적고, 상대적으로 지역 내의 구석구석 많은 곳을 돌아다녀야 해서 사람과 트럭의 기름값 등 부대비용이 많이 들어가므로 상대적으로 높은 납품가를 유지하고 큰 마진을 많이 남겨서 이익적으로 대리점의 운영을 근본적으로 지탱하여주는 마치 사람의 척추와 같은 역할을 해주어야 한다.

그리고 계산대가 적어도 2개 또는 3개 이상의 슈퍼마켓에서는 물건의 한번 구매량이 상대적으로 크고, 직거래처럼 행사를 통해 물건을 팔아치우는 성향이 상대적으로 강하므로 대리점으로서는 상대적으로 적은 마진을 남기지만, 대리점 물건의 회전률을 책임져줘서 매출을 책임져주는 마치 사람의 팔다리와 같은 역할을 함으로써 대리점의 지속적인 성장을 책임져야 하는 역할로 매우 중요하다.

이 둘의 조화와 균형은 대리점을 운영하는 데 있어서 매우 중요하다. 아무튼, 그래서 이렇게 커버리지의 숫자가 많으면 많을수록 제조회사 입장에서는 바람직하지만, 반대로 대리점 입장에서는 별로 돈도 안 모이고, 많이 돌아다녀야 하고 그래서 부대비용도 많이 들어가므로 좀 더 상대적으로 편한 온라인 거래나 중간상인 거래를 선호하는 것이 보통이다. 따라서 회사가 대리점을 운영할 때는 어떻게 하면 양쪽 모두에게 도움되는 방향으로 커버리지의 숫자를 늘릴 수 있는가의 전략을 만드는 것이 제일 중요하다.

대리점에서 커버리지를 제대로 늘리려면 장비와 인원이 필요하다. 여기서 장비란 트럭 등의 차량을 말하는 것이고, 인원이란 대리점의 영업사원을 말하는 것이다. 간혹 대리점 데이터를 보면 장비와 인원의 증가 없이 커버리지 숫자가 상당히 많이 늘어난 것을 볼 수 있는데, 이는 좀 더 자세히 체크할 필요가 있다. 차량 한 대가 커버할 수 있는 슈퍼마켓의 숫자가 있고, 한 사람의 영업사원이 담당할 수 있는 슈퍼마켓의 숫자가 있는 것이므로, 커버리지 증대 전략은 결국 얼마나 많이 대리점의 차량과 대리점 영업사원의 수를 늘릴 수 있는지의 전략이 되는 것이다.

그래서 커버리지가 상당히 늘었는데 장비와 인원이 그에 상응하여 늘었다면 이는 매우 바람직한 현상일 것이다. 대리점을 운영하면서 또 하나 무시할 수 없는 것이 중간상인들(중상, Jobber)의 관리일 것이다. 이들은 이미 어느 정도 일정 부분 이상 대리점의 매출을 차지하고 있으므로 대리점 입장에서는 이들을 어찌 관리하는가가 대리점을 운영하는 데 있어서 매우 중요하다. 원래 중상이라 불리는 중간상인들은 우리의 규정된 대리점보다 규모와 자본이 적어서 주로 특정대리점으로부터 상대적으로 저렴한 가격으로 물건을 대량 구입함으로서 우리의 대리점조차도 커버할 수 없는 지역 내에 아주 작은 슈퍼마켓만을 대상으로 장사를 한다. 보통은 바로 트럭에서 필요한 물건을 작은 슈퍼마켓에 그 자리에서 납품하고 즉시 현금을 받아오는 영업의 형태이다. 예로 저 멀리 있는 나 홀로 외딴 섬에 만물상 트럭이 돌아다니면서 그때그때 필요한 생필품을 섬사람들에게 팔아 장사하듯이 회사나 대리점들이 커버할 수 없는 깊숙한 곳까지 커버해주며, 대리점에게는 대리점의 제품회전율을 올리고 일정 부분 매출도 책임져주고, 그리고 제조회사로서는 아주 작은 슈퍼마켓까지도 회사제품, 브랜드의 취급률과 점유율을 늘려준다는 어느 정도의 순기능이 있었다.

그러나 언제부터인가 중간상인들이 규모와 자금이 점점 커지고 동시에 우리의 기존 대리점들이 원래 주 업무가 아닌 온라인이나 물류 등 다른 비즈니스 영역으로 눈을 돌릴 때, 그 틈을 타서 중간상인들은 우리의 기존 대리점들만이 거래하던 기존의 우량 슈퍼마켓에서의 영업권을 두고 같은 지역 내에서 대리점과 중간상인이 서로 경쟁하는 상황까지 이르게 되었다.

이렇듯 중간상인의 몸집이 점점 커지고, 그 역할이 점점 중요해지다 보니 제조회사 입장에서는 정규 대리점의 영업 플랜과는 별도로 중간상인만을 위한 영업 플랜을 만들어야 하는 지경까지 이르게 되었다. 그러나 이는 회사 입장에서 볼 때 건강하지 않은 유통구조로서 중간상인들은 과거처럼, 제조회사의 직접 영향이 아닌 기존의 대리점들에게서 영향을 받도록 해야 할 것이다. 그래서 결론적으로 대리점의 영업은 대리점의 커버리지 증대가 제일 중요하며, 대리점 지역 안에 있는 중간상인들은 제조회사와 직접 거래하는 정규 대리점만이 그들에게 영향력을 행사할 수 있는 그런 구조를 만드는 것이 가장 바람직하다.

그리고 필자가 만일 어느 대리점을 운영하는 사장이라면, 대리점 사장으로서 가장 큰 관심사항은 내가 운영하는 대리점을 통하여 내가 돈을 많이 버는 것일 것이다. 그리고 나는 대리점을 운영하는 데 물건 포장만을 하고 또 배송만을 한다든지 아니면 물류업과 창고업 등으로 상대적으로 좀 더 쉽게 돈을 버는 방법과 트럭 등을 직접 몰고 다니면서 직접 물건을 팔아야 하고, 힘든 수금도 직접 해야 하는, 상대적으로 돈을 어렵게 버는 방법이 있다면 필자는 무조건 돈을 쉽게 버는 방법을 택할 것이다.

집에서 필자에게 만일 보통의 점심상을 차려준다면 필자는 하나도 남김없이 모두 다 먹을 것이다. 그러면 차려준 사람도 보람을 느낄 것이다. 그러나 만일 뷔페처럼 10m 이상 되는 진수성찬을 혼자 먹으라고 차려준다면, 필자는 아무리 그 음식들이 산해진미라 할지라도 절대로 그 음식들을 모두 다 먹을 수는 없을 것이다. 그러면서 그 안에서 가장 맛있는 음식만을 골라 먹어도 배가 터질 것이다. 그리고 평소 같으면 없어서 못 먹을 그 산해진미의 음식들을 모두 다 남길 것이다.

그러면 이 밥상을 차려 준 사람은 일부러 나를 생각하고 나를 배려한다고 이렇게 맛있는 음식을 많이 추가로 차려주었는데 '이 사람이 왜 대체 모두 다 안 먹을까?'라고 생각할 것이지만, 아무리 귀하고 맛있어도 필자로서는 도저히 혼자 다 먹지 못할 음식의 양이다. 즉 내가 먹을 수 있는 능력보다 훨씬 더 많이 차려준 것이다. 그러니 나는 그 안에서도 제일 맛있는 부분만 골라 먹어야 하며 평상시 같으면 하나도 남김없이 모두 다 먹어야 하는 그 맛있는 음식들을 고스란히 모두 다 남기는 것이다.

만일 어느 대리점이 대리점 고유의 임무인 커버리지를 늘리는 것을 소홀히 하고 그들의 비즈니스 포인트를 점점 다른 곳으로 돌린다면, 회사는 혹시 대리점에게 대리점의 능력 밖으로 너무 과하게 밥상을 차려주어 커버리지라는 상대적으로 맛없는 음식들을 모두 남기는 것은 아닌지 생각해 봐야 할 것이다.

3. 온라인 영업

  온라인 비즈니스에서는 최근 몇 년 온라인의 성장세는 정말로 어마어마한 것 같다. 마치 온라인 비즈니스를 안 하고, 멀리하면 모두 망할 것 같고, 시대에 뒤떨어지는 것 같다. 소셜커머스니 오픈마켓이니, O2O니 언제부터인가 새로운 용어들이 마구 쏟아져 나온다. 그런데 말이다. 제조업체 입장에서 보면 그냥 상당히 성장하는, 성장할 수 있는 시장이 새로이 하나 생긴 것뿐이다. 다시 말해서 그 새로이 생긴 시장이 우리랑 맞는지, 안 맞는지를 보고, 그 새로이 생긴 이 시장에서 우리가 역할을 어떻게 할 것인지를 깊게 생각해보면 된다.

  가령 아무리 무섭게 성장하는 온라인 시장이라 하더라도 도서정가제를 유지해야 하는 책이나 고가의 다이아몬드 같은 제품이 온라인 시장에서 성장할 것 같지는 않다. 또한, 온라인 시장의 특성상 경쟁력 있는 판매가격을 생각 안 할 수가 없다. 백화점에서 파는 명품 제품에다가 가격적인 밸류를 주어 제품을 판다든지, 이미 시장에서 마켓세어가 독보적인 제품을 온라인 마켓에서 가격적인 밸류를 특별히 더 주어서 그 제품을 판다면 그로 인해 단기적인 온라인의 매출만은 올릴 수 있을지 몰라도 할인점이나 슈퍼마켓 같은 직거래 채널이나 대리점 채널에서의 매출 하락이 불가피하다.

  결론적으로는, 전체적으로는 회사의 성장을 견인할 수 있는 것인지 다시 한 번 생각해볼 필요가 있다. 즉, 회사 입장에서는 마켓에서의 온라인 성장세를 반영한 매출의 드라이브는 모든 제품이 아니라 온라인 시장에 맞는 아이템만을 선정하여야 하고, 또 거기에 맞는 영업정책을 적용하여, 온라인 마켓의 성장이 결과적으로 회사 전체의 성장에 기여할 수 있도록, 이러한 점을 최우선으로 고려하여야 할 것이다. 즉 타 채널 대비 경쟁력 있는 판매가격의 유지가 전제되어야 하는 온라인 채널의 성장이 다른 채널의 하락을 가져와서 전체적으로 회사가 힘들어지지는 않는가를 자세히 봐야 한다. 소비자 입장에서는 클릭 몇 번으로 무거운 세제류 같은 것을 많이 사지도 않고 적은 수량이라도 할인점보다 싼 가격으로 집까지 배송해 준다면 더 이상 할인점을 방문해야 할 이유는 매우 제한적이 될 것이다.

즉 영업사원으로서 온라인 비즈니스를 할 때 가장 고려하여야 할 것은 결국 온라인 시장에서의 판매가격과 돈 많이 들어가는 광고료 그리고 수수료이다. 특히 판매가격 부분에서 소비자가 쉽게 할인점과 같은 오프라인 매대에 진열된 제품과 가격 비교가 된다면, 이는 결과적으로 오래 걸리지 않고 그 제품은 할인점에서 오프라인에서 퇴출 또는 쇠퇴할 것이고 결국 그 브랜드의 운명은 짧아지게 될 것이다.

특히 마켓세어가 이미 어느 정도 독보적이거나, 특정한 곳에서만 판매하는 명품이라면 더욱더 가격 또는 밸류 드라이브를 주 무기로 하는 온라인 마켓에서의 과도한 성장 드라이브는 제한되어야 할 것이다. 다시 말하면 주로 백화점에서의 판매를 주력으로 하는 명품 비즈니스의 경우 온라인 마켓에서 일어나는 일반제품의 급격한 성장률을 보고 그것을 부러워하고 그렇게 성장시켜 보려 한다면 이것은 결국 온라인 거래처 간의 과도한 경쟁을 유발하여 온라인 마켓에서의 통제할 수 없는 가격 그리고 밸류 경쟁으로 이어져 결국 오프라인 가격 문제로 번질 것이고 이는 결국 명품 비즈니스의 생명이라 할 수 있는 브랜드 에쿼티 부분에 큰 손실을 가져올 것이다.

또한, 만일 이미 어느 정도의 높은 마켓세어로서, 자체적으로도 시장에서 나름 경쟁력을 가지고 있는 일반제품이라면, 타 채널과 비교적 쉽게 가격비교를 즉시 할 수 있는 낱개나 단품 판매보다는 자체 대리점을 이용한 다든지 해서 할 수 있는 묶음 판매 등의 방법으로서, 타 채널과의 쉬운 가격 비교를 피해 나가야 할 것이다. 아니면 오프라인과는 완전히 다른 온라인에서만 판매할 수 있는 별도의 브랜드를 만들거나 새로이 확보하는 것이 온라인 시장에서의 추가적인 마켓 드라이브가 회사 전체의 매출을 추가적으로 성장시키는 데 바람직할 것이다.

유통의 새로운 강자 온라인 시장은 이미 어느 정도 마켓을 장악하고 있는 대형 제조업체의 경우에는 그리 반가운 일이 아닐 수도 있다. 더군다나 오프라인에서 높은 인지도를 가지고 있는 제품이나 브랜드들이 온라인 시장에서 한방에 대량으로 일으켜지는 매출들의 유통경로를 다시 한 번 생각해 보면 더욱 그러할 것이다.

4. 백화점, 면세점 영업

만일 회사가 백화점 안에서 어떤 명품 제품을 가지고 비즈니스를 한다면 거기서 가장 중요한 점은 백화점에서의 브랜드 에쿼티 부분일 것이다. 보통 백화점에서 이루어지는 명품 비즈니스는 백화점 판매, 면세점 판매 그리고 백화점이나 면세점에서의 온라인 판매 이렇게 세 부분으로 이야기할 수 있다. 이 중에서 가장 중요한 것은 백화점 안에서의 판매이다.

백화점 안에서 먼저 브랜드가 핫해지고, 명성이 높아지면 결국 이것이 면세점과 온라인 마켓으로 이동되어 가는 것이다. 우리가 보통 오랜만에 외국을 나갈 때 캐리어를 슬슬 밀어대며 인천공항의 그 많은 면세점 샵을 배회하면서 제품을 고르는 기준을 잘 생각해보면 된다. 평소 백화점에서 잘 팔린다고 소문이 자자해서, 하나쯤 가지고 싶었지만, 비싸서 하나쯤은 평소 가지고는 싶었지만 망설이고 있을 때, 마침 외국 나갈 기회가 있어서 인천공항 등의 면세점에서 그 브랜드를 발견하게 되면 외국을 자주 나가는 것이 아니므로, 지금 안 사면 왠지 손해 보는 듯한 느낌이 들어 그 제품을 사게 되는 것을 생각해 보자. 백화점에서의 브랜드 에쿼티와 명성을 높이는 것이 결국 면세점이나 온라인 시장으로도 긍정적인 영향을 주게 되는 것이다.

그래서 백화점에서 명품 영업을 한다면 제조회사 입장에서는 에쿼티를 가장 신경 써야 하는데 에쿼티라는 것은 소비자를 집에서부터 백화점까지 끌어오게 하는 아주 중요한 것이다. 백화점 안으로 일단 소비자들이 들어오게 되면 매장 안에서 근무하는 여직원들의 카운슬링 기법과 특화된 서비스로서 매출의 완성을 이루어내는 것이다. 즉 백화점에서 판매하는 명품 제품이 에쿼티를 잃어버린다는 것은 백화점에서만 판매한다는 명품 브랜드로서의 존재 이유를 잃어버리는 것이다. 그렇게 되면 결국 점점 면세점에서도 손님들이 그 제품을 외면하게 될 것이다.

그러나 이렇게 중요한 에쿼티라는 것은 거의 마케팅 부서의 업무 영역이고 그렇다면 백화점 안에서의 우리 세일즈의 역할을 보면 크게 두 가지일 것이다. 하나는 거래처 관련이고 다른 하나는 매장 안의 우리 카운터에서 근무하는 직원들과 관련한 업무들일 것이다. 거래처와 관련된 것이라면 결국 거래처와 JBP 등의 업무 제휴를 통해 2~3년에 한 번씩 이루어지는 매장의 자리 이동과 관련하여 좋은 자리 확보에 최선을 다하는 것이고, 매장에서 근무하는 직원들과의 일이라 하면 이들의 카운셀링 및 서비스 기법 등의 트레이닝과 이들이 스스로 오너십과 리더십을 발휘할 수 있는 동기부여를 제공해주는 역할이다.

이에 대한 일환으로서 즉 결국 이런 것들이 제대로 돌아가려면 어느 정도의 매출이 뒷받침되어야 하는데 영업사원 입장으로서 매출 드라이브를 위해 가장 중요하게 실행하여야 하는 좀 더 세밀한 액션 플랜이라면 결국 '신규고객 확보'가 될 것이다. 즉 신규고객이 많이 늘어야 이들이 기존고객으로 연결되며 결국 기존고객은 충성고객으로 연결되어 결국 신규고객, 기존고객 그리고 충성고객의 매출 합이 그 브랜드의 마켓세어나 명품으로서의 위치를 좌지우지하는 것이다. 그리고 이것에 의해서 백화점 안에서의 자리이동에서도 그리고 매장 안의 직원들의 사기에도 결국 영향력을 미치는 것을 생각해보면 결국 영업사원으로서 가장 많이 신경써야 하는 것은 신규고객의 증가 그리고 그것의 확보가 될 것이다.

결국, 신규고객이 많이 늘어야 매장의 자리이동 시에도 직원들의 사기 진작에도 많이 도움이 된다는 것인데 그렇다고 신규고객만 성장하고 기존고객이나 충성고객이 감소한다면 상대적으로 기존고객이나 충성고객보다는 바스켓 사이즈가 작은 신규고객인지라 전체적인 매출의 성장은 기대할 수 없는 것이고, 반대로 신규고객의 증가 없이 기존고객이나 충성고객만이 활성화된다면 이는 소위 말하는 '아줌마 브랜드'가 되어서 브랜드 수명이 짧아지게 되는 것이다.

그래서 일반적으로는 현장의 최일선에 있는 영업사원과 매장 안의 카운터에 있는 여직원들은 신규고객 확보에 좀 더 신경을 써야 하고, 이보다 한 발 뒤에 있는 본사의 영업기획부서에서는 기존고객유지를 위한 프로그램에도 좀 더 신경을 써서 이 둘의 균형을 유지하는 것이 중요하다. 즉 현장 직원과 영업사원은 신규고객을, 그리고 후방의 영업기획은 기존고객을 좀 더 생각해야 한다. 그래서 백화점 영업사원의 마음 깊은 곳에는 항상 '신규고객 확보'가 비즈니스를 드라이브 하는 데 있어서의 중요한 사실이라는 것을 이해하여야 한다.

또 동시에 또 백화점 매장을 담당하는 영업사원으로서 매장 직원과 관련해 제일 먼저 알아야 하고 이해해야 할 것은 백화점 매장 안의 계산대에서 근무하는 직원들의 삶이다. 간혹 신입사원이 백화점팀으로 배치되면 백화점의 매장 체험을 위하여 백화점 매장에서 하루나 이틀 정도 보내게 되는데, 대부분의 신입사원들은 그 카운터 안에서 그 여직원들의 영업판매 스킬이나 그들이 카운셀링하는 법 그리고 제품을 이해하는 데에만 중점을 두려고 하지만, 이것보다 가장 먼저 중요한 것은 그 카운터에서 근무하는 여직원들의 삶이다. 즉 그들의 삶을, 생각을 이해하는 것이 가장 중요하고 그러고 나서 영업스킬이나, 카운셀링 그리고 제품을 이해하는 것은 두 번째, 세 번째가 되는 것이다. 왜냐하면, 결국 백화점 안에서 우리 소비자들을 만나고, 우리 소비자들에게 우리 제품을 이야기하고, 설명하고 그것을 팔아야 하는 사람들은 카운터 안에서 근무하는 여직원들인 것이고 그들을 먼저 이해하여야만 그들에게 딱 맞는 영업지시를 영업사원으로서 제대로 내려줄 수 있기 때문이다.

명품 비즈니스를 하게 되면 또 하나 우리가 깊게 생각해 봐야 할 것은 면세점 비즈니스이다. 거듭 이야기하지만, 명품 비즈니스의 경우 백화점 안에서 에퀴티를 세우는 것이 제일 중요하고, 면세점에서는 상대적으로 외국 손님들, 특히 요즘은 중국인들이 많이 들어오는데 체류하는 시간이 짧고, 여권과 비행기 티켓이 있어야만 구매할 수 있다는 특별한 손님만을 대상으로 판매할 수 있는 면세점 매장의 특징을 고려하면 순간적으로 확 낚아채서, 팔아치우는 순발력과 영업력이 필요하므로 일정 부분 가격적인 밸류가 필수적이다.

즉 백화점의 행사는 시간, 기간에 의한 거의 유통업체 전체의 바겐세일이라서 소비자가 그 많고 많은 세일 기간 중 지정된 시간, 지정된 기간에 자기 시간을 맞추어 주변의 아무 백화점에만 가면 거의 매번 비슷한 세일 효과를 누리면서 쇼핑할 수 있는 것이고, 면세점은 특정한 장소에 대한 바겐세일이므로 그 특정한 장소에 가야만 세일 효과를 누릴 수 있는 것인데 문제는 그 면세점이라는 특정한 장소를 보통은 백화점만큼 자주 못 가고 어쩌다 한 번 가는 것이 대부분이라서 그 어쩌다 한 번 가는 곳에서 소비자는 최대의 효과, 최대의 만족을 누리려 하는 것이다. 그런 점을 고려하면 판매자 입장에서는 일반 백화점이나 타 마켓 대비 면세점에서의 가격이나 증정에 대한 밸류를 중요한 판매전략으로 고려해야 한다. 또한, 면세점에서의 온라인은 대량고객들의 판매가 존재하고, 그것이 매우 중요하므로 이 분야에서는 더욱더 가격적인 밸류가 필요할 것이다.

그렇지만 국내 백화점에서 자체적으로 운영하는 온라인 시장의 비즈니스는 깊게 잘 생각해 봐야 할 것이다. 앞에서 이야기했듯이 온라인 시장이 성장한다고 해서 모든 제품과 품목들이 온라인에서 성장하는 것은 아니다. 결론적으로 말하면 명품들은 백화점에서 자체적으로 운영하는 온라인 비즈니스의 품목으로는 잘 맞지 않는다. 백화점의 온라인+오프라인 매출결과는 결국 같을 것 같다. 온라인에서 더 팔면 오프라인 매출이 떨어지고 둘이 합치면 결국 그게 그것일 것 같다. 더욱이 백화점에서의 온라인을 드라이브하면서 거기서 발생하는 부작용들 즉 가격할인이라든지, 샘플이라든지, 매장 안에서 근무하는 직원들의 피로도 등의 부작용을 생각해 보고 백화점 매장 안에서 판매할 때 카운셀링을 통한 질 좋은 서비스로서 충성고객을 확보하거나 다른 제품까지도 같이 권장하여 매출을 함께 올릴 수 있는 긍정적인 이점을 고려하면 명품의 경우 백화점에서의 온라인 비즈니스 드라이브는 그리 권장하고 싶지는 않다. 즉 백화점 매장의 영업은 밀어내는 영업이, 백화점 온라인의 영업은 끌고 오는 영업이 바람직하다.

우리가 여기서 직거래, 일반마트와 백화점의 영업을 한 번 구분하여 생각을 해 보면, 직거래, 일반마트의 영업의 주체는 거래처 즉 거래처 구매자이며 즉 바이어의 영향력이 절대적인 영향력으로 그들이 행사 전단 만들고, 행사 잡고, 행사 진행하고, 행사 자리를 조정해서 나의 행사가 시작된다는 것은 다른 경쟁사의 행사가 빠진다는 것을 생각해 보고, 나의 매대가 늘어난다는 것은 다른 경쟁사의 매대가 줄어든다는 것을 생각하면 정말 거래처의 바이어의 영향력은 큰 것이므로 해당 바이어와의 밀착 영업은 매우 중요한 것이다.

반면에 백화점에서의 영업의 주체는 해당 영업사원 그리고 해당하는 회사의 마케팅이므로, 거래처 바이어의 영향력은 매우 제한적인 것이다. 즉 나의 행사는 나의 자리에서 나의 결정하에 이루어지며, 내가 아무리 백화점에서 나의 행사를 독자적으로 크게 진행한다고 해도 다른 경쟁사의 영업장소가 줄거나, 다른 경쟁사의 행사가 빠지거나 하는 일은 거의 없다. 즉 백화점에서의 영업은 거래처가 우리에게 뭘 해주기를 바라기보다는 그냥 '나'만 잘하면 되는 것이다.

5. 영업기획부서의 플랜

마지막으로 채널별로 각 제품의 판촉 전략을 만들어서 영업사원들의 영업활동을 지원해야 하는 영업전략본부 또는 영업기획에서 일하는 영업사원의 경우 가장 우선적으로 고려해야 할 것은 담당하는 제품의 시장 방향성과 판촉행사에서의 실행력일 것이다. 속도는 늦어진다 해도 방향이 틀리면 안 된다는 말이 있다. 중앙무대에서 전체적인 영업전략을 만드는 사람은 그 브랜드의 시장성이나 마켓셰어 등을 고려하여 채널별 시장판매전략과 그 판촉행사의 실행력을 최우선으로 한 플랜을 만들어야 한다. 즉 시장의 방향성이라는 것은 이 제품이 할인점에서 강점이 있는 것인지 아니면 대리점에서 주로 판매를 해야 하는 것인지 또는 경쟁적인 가격 주도권을 쥐어가면서 시장을 전개해야 하는지 아니면 특정한 구매자층을 정해놓고 그들에게 판매집중을 해야 하는지 등의 시장 전개방향이 먼저 세워져야 한다.

그리고 또한 영업기획부서에서는 매장에서 영업사원들이 실행 가능한 영업 플랜을 만들어야 하고, 동시에 그 영업사원이 그 플랜을 보거나 들었을 때 어떤 비장감과 승부욕을 느껴서 빨리 바이어에게 달려가서 이것을 설명하고 싶고, 이제 '우리의 경쟁사들은 모두 다 죽었어!'하는 자신감을 느낄 정도의 확신 있는 플랜을 만들어서 영업사원들에게 전달해야 한다. 그때 영업사원들이 스스로 승부근성을 느끼게 된다.

영업기획부서의 확신 없는 플랜은 차라리 안 만드는 것이 좋다. 중앙이 중심을 잃으면 쉽게 흐트러지는 것처럼 영업기획팀의 잘못된 판단은 결국 나중에 모두 돈으로 다시 보상해야 하며 매장에서 실행할 수 없는 영업 플랜에 대한 책임은 결국 영업사원이 짐을 지게 된다. 야구에서 투수가 와일드 피칭을 하게 되면 결국 공 주우러 가는 것은 포수인 것처럼 말이다.

3장 유통업체와 실전 영업 시 매출
10% 더 올리는 팁

성공을 만드는 JBP(Joint Business Plan) 이해

JBP(Joint Business Plan)라는 단어가 있다. 요즘은 대형마트 상담실 안에만 들어가도 JBP 미팅룸이라는 것이 있다. 그만큼 영업하는 곳이라면 여기저기서 JBP를 모두 말하고, 또 그렇게 말하는 사람들은 이것을 하나의 전략적인 영업전략으로 드라이브하고자 한다. 예전에 어느 유통회사의 고위임원이 필자에게 JBP를 이야기하면서 우스갯소리로서 JBP의 뜻이 "잘못 비즈니스 하면 피 본다"라고 말했던 적이 있다. 실제로 지금 보면 그런 것 같기도 하다. 양사 간에 JBP를 하게 되면 양사의 고위층이 JBP에 관여하는 것이 일반적이므로 담당자 입장에서는 잘못하면 피를 볼 수도 있을 듯하다. 어쨌든….

보통 일반 제조업체들이 일반 대형유통 거래업체와 거래함에 있어서 가장 궁극의 목적은 아마도 매출 증대일 것이다. 일반적으로 어느 제품들이 일반 대형유통업체에서 매출을 일으키려면 먼저 팔려고 하는 제품이 가격 대비 가치가 있는 좋은 제품이어야 함은 기본이고, 영업적인 측면으로는 입점하고자 하는 품목이 입점 일자에 맞추어 제대로 입점이 되어야 하고, 입점한 품목은 경쟁사 제품 대비 가격경쟁력이 있어야 하며, 매장 내에서의 진열 상태도 적절한 위치와 넓은 진열 면적을 차지해야 함은 기본사항이며, 이제 여기에 추가로 유통매장 내에서 그 제품의 매출을 향상해야 하는데 그러려면 무엇보다도 매장 내에서 이루어지는 특별한 판촉행사가 가장 중요할 것이다.

그래서 매장 내에서의 퀄리티 있는 판촉행사가 계속적으로 그리고 주기적으로 반복해서 이루어져야 하는데 할 때마다 매번, 아니 거의 매월 해당 바이어와 그 플랜을 협의하고 그 매장 내에서 행사를 진행하여야 할 품목을 선정하고, 거기에 특별한 가치를 가진 플랜을 만들고, 비로소 그 행사를 원만히 진행하는 것은 매우 피곤하고 힘든 일이다.

그래서 보통 대형 제조업체의 경우 유통회사와 미리 협의하고, 미리 계약하여 1년 정도의 장기적인 행사 플랜을 미리 만드는데, 이를 보통은 협업 플랜 또는 JBP(Joint Business Plan)라 부른다. 물론 JBP에는 비단 행사 플랜만이 아니고 유통회사와 제조업체가 보통 향후 1년간, 영업부서가 아닌 여러 다른 부서들과도 함께 진행하여야 할 굵직한 프로젝트들이 모두 반영되는데, 제조업체의 입장에서는 당장 매출과 직결되는 행사 플랜에 좀 더 집중하게 되는 것이다.

이 JBP의 일반적인 장점은 제조업체와 유통업체 간의 미리 협의된, 보통 1년간의 행사 플랜을 바탕으로 매월 또는 분기별로 그 유통회사나 제조회사 상황에 맞추어 미리 협의된 행사 플랜을 정해진 일정처럼 진행함으로써 행사기획을 할 때마다 거래처 바이어와 매번 깊게 상담할 필요가 없고 미리 사용예산을 예측하여 확보하거나, 미리 행사물량을 확보하여 그 행사를 안정적으로 준비한다거나, 미리 관련된 유관부서로부터 도움을 받을 수 있는 등의 여러 장점이 많다. 즉 일 년 행사를 미리 예측함으로써 일 년 매출을 어느 정도 예상하고 이를 생산계획이나 물류계획 등에 미리미리 반영함으로써 경영의 합리화는 물론 비용적인 측면도 많은 부분에서 절약할 수 있다는 장점이 있다.

그래서 보통 이렇게 JBP를 진행하게 되면 이는 유통회사나 제조회사 각각 모두 일반적으로 1년 영업계획을 상호 간의 협의 하에 작성하는 것이므로 상호 신중을 기해야 하며, 각각 두 회사의 많은 유관부서들의 협의를 이끌어 내야 하고 또 그 많은 유관부서들을 유기적으로 통합 관리해야 하므로 보통 JBP의 진행은 제조회사, 유통회사 각각 그 회사의 고위경영자,

고위책임자의 참석하에 그리고 그분들의 상호 협조와 협의 하에 진행되는 것이 보통이다.

보통 전략적 제휴관계에 있는 거래사와 함께 양사 간에 JBP를 진행한다고 하면, 먼저 제조업체(보통 '을'이라 칭함)와 유통업체(보통 '갑'이라 칭함) 양사 간에 상호 JBP에 대한 개념을 명확히 이해하고 정립하는 것이 중요하다. 보통 갑과 을이 JBP를 한다 하면 갑은 일반적으로 2가지의 생각을 먼저 하게 되는데 먼저 첫 번째의 경우는 '을! 너는 나와 지금부터 특별한 협업 플랜을 만드는 것이므로 내가 아닌 다른 유통업체랑 JBP를 하면 안 돼'라고 생각하는 것이다. 즉 예를 들면 '너랑 나랑 사귀는 거야. 그러니 너는 지금부터 다른 사람과 사귀면 안 돼'라고 생각한다는 것이다.

두 번째로는 갑인 '내가 1년 정도의 장기 행사계획을 너희와 특별히 협의해 주니까 너희는 나에게 아주아주 특별한 선물을 가지고 와야 하고, 그 정도를 가져와야지만 장기 행사 플랜을 협약해주는 우리에게 의미가 있지'라고 생각을 한다. 즉 해당 유통업체만이 받을 수 있는 아주 특별한 뭔가를, 마치 '내가 결혼해 주니깐, 너는 나에게 남들과는 다른 다이아몬드 같은 특별한 혼수를 준비해야 하는 것이다'라고 생각할 수 있다. 그 혼수품으로서는 예를 들면 자기유통업체만 홀로, 단독으로 판매할 수 있는 특별한 제품 아니면 자기만이 최저가로 팔 수 있는 특별한 납품가격, 아니면 자기만이 자기 소비자들에게만 지원할 수 있는 특별한 증정품 등이 있을 수 있다. 아마도 이러한 것이 가능하다고 생각하는 이유는 갑의 입장에서는 반드시 을이 아니라 하더라도, 이 세상에는 우리와 JBP를 할 곳은 매우 많다는 생각을 하고 있기 때문이고, 결국 JBP 협약의 선택권은 을이 아니라 갑이 가지고 있다고 생각하기 때문일 것이다.

아무튼, 그러나 결론적으로 말하면 이 두 가지 판단은 잘못된 것이다. 그래서 일반적으로 유통업체와 제조업체 간에 JBP가 잘 안되는 경우를 보면 이 두 가지의 생각 때문인 경우가 많다. 우리는 일반적으로, 만약에 갑이 을을 푸쉬해서 갑이 푸쉬한 것처럼 일정 부분 이익을 보고 나서, 또다시 갑이 을을 푸쉬해서 갑이 또 일정 부분의 이익을 본다면 그래서 이제부터는 을이 더 이상 손해가 나므로 영업을 영위할 수 없는 상태에 이르게 된다면, 이때부터는 갑이 아무리 을을 푸쉬해도 더 이상 을이 갑의 의견을 따라줄 수 없는 상태, 즉 더 이상의 상호 간 이득을 볼 수 없는 상태에 이르게 되므로 이때는 양사 모두 마켓에서 성장의 정체가 오는 것이다. 즉 갑과 을 둘 다 이득이 없는 상황이 된다.

그러지 않으려면 상호 간 동반 성장하는 관계인 win-win이 중요한 데 갑은 을을 당겨주고 을은 갑을 밀어줌으로써 양사가 계속해서 모두 지속적인 성장을 할 수 있는 상황을 만드는 것이 중요하다. 그래서 결론적으로는 이 같은 상호 동반 상승 없이 주로 갑에 의해 일방적으로 진행되는 JBP는 단기적으로 아주 짧게 약간의 성과는 낼 수 있을지 모르나 장기적으로는 좋은 성과를 낼 수 없는 것이 일반적이다.

원래 JBP의 기본정신은 갑은 갑대로 주어진 환경 아래에서, 즉 자기가 운영하는 매장 안에는 자기들이 거래하는 많은 다른 업체들이 있지만 갑의 입장에서 최선을 다해, 특정한 을과 협의된 행사 플랜이나 어떤 협의된 특정한 사항을 최우선으로 성심껏 이행하겠다는 하나의 약속이고, 동시에 을의 입장에서는 많은 다른 유통업체와 거래 중이지만 주어진 환경 아래에서, 최선을 다하여 우선적으로 갑과 맺은 JBP 합의사항을 최우선으로 충실히 이행하겠다는 마음가짐이며 또한 약속이다. 즉 갑은 갑대로 을과 맺은 약속을 최우선으로 최선을 다해 충실히 실행하고 을은 을대로 최선을 다해 갑과 맺은 행사 플랜 등을 최선을 다해 실행하자는 양사 간의 약속, 상호 파트너십, 릴레이션십을 기초로 하여 만들어지는 것이다. 그래서 결국 양사 간 상호 동반 성장을 이루어 내자는 상호 간의 약속인 것이다. 그래서 결국 이것은 양사 간의 JBP를 통하여 협의 플랜 그대로 실행되어서 나중에 그 결과로서 양사 간에 모두 상호 동반 성장이 되어야만 그 JBP의 의미가 있으며, 그래야만 지속해서 장기적으로 유지가 될 수 있다.

그래서 결국 JBP를 진행하는 영업사원이 진행하기 전에 가장 먼저 생각해야 할 것은 영업사원인 내가, 이 JBP를 통하여 거래처와 함께 비즈니스를 성장시키기 위하여 무엇을 이루어내야 하고 또한 무엇을 실행할 것인지를 구체적으로 생각하여야 하고 또한 이렇게 구체적으로 생각한 것을 거래처와 잘 실행하기 위하여 거래처로부터 협조받아야 할 것이 무엇인지를 정확히 이해해야 한다. 그래서 결국 양사 간에 실질적인 상호 성장을 만들어나가고 이것을 발판으로 제2, 제3의 한층 더 업그레이드된 JBP를 계속해서 협의해 나갈 수 있다.

JBP의 전개 과정 및 핵심사항

JBP가 진행되는 과정을 간략히 보면 먼저 JBP의 시작은 양사 워킹팀의 팀 리더에 의해서 발의되는 것으로 시작한다. 그리고 양사 간의 최고위층 아니면 적어도 임원들끼리의 상호 간 JBP를 서로 한번 해 보자라는 합의와 전폭적인 지원으로부터 시작이 된다. 이는 JBP를 시작하면 여러 유관부서들 즉 회계, 물류, 생산 등 여러 유관부서들의 많은 업무협조를 받아 유기적으로 상호 협조하에 일이 진행되어야 하는데 고위층이나 임원들의 협조, 지시 없이는 부드러운 일 처리가 많이 힘들기 때문이다.

상호 고위층 간에 JBP 시작의 합의가 이루어지면 이제부터는 워킹팀의 팀 리더가 거의 모든 것을 주도한다. 제일 먼저 양사 간 공통의 목표를 찾아내야 한다. 양사가 추구하는 가치관이 서로 비슷한 것들을 찾아내어 그것을 먼저 하나의 큰 그림으로서 공통의 목표를 설정하여야 한다. 공통의 목표가 설정되면 그 공통의 목표를 달성하기 위한 세부 액션 플랜들이 만들어진다. 그래서 이것을 체크 시트나, 스코어카드 등의 표로 만들어서 그 표 안에 JBP를 함으로써 가장 중요하게 달성해야 하는 공통의 목표를 가장 먼저 적고 그 공통의 목표를 달성하기 위한 여러 가지 지표들을 세부 액션 플랜과 함께 채워나가고, 그 채워진 표를 정기적으로 주기적으로 거래처와 함께 리뷰하고, 계속 보완해 나가면서 결국 가장 먼저 설정한 공통의 목표를 달성해나가는 것이 JBP의 핵심이다.

그렇지만 양사 간의 합의된 목표를 설정하는 것은 매우 힘들다. 왜냐하면 양사 간에 추구하는 가치와 지향점이 모두 다를 수 있기 때문이다. 즉 어느 회사는 매출을 최우선시하고, 어느 회사는 마진을 최우선시하고, 어느 회사는 마켓세어를 최우선시하고 어느 회사는 고객을 제일 중시하는 경우이기 때문이다. 그래서 양사 간의 공통 목표설정은 일단 서로 양사가 지향하는 공통점을 찾아 거기서부터 출발하는 것이 바람직하다. 예를 들면 어느 유통회사에서는 추구하고자 하는 목표 중에 혹시 '서비스를 최우선으로 한다'가 있고 제조회사에서도 혹시 사훈 중 '고객서비스 제일주의' 이런 것이 있다면 이 둘이 비슷한 개념으로서 이것을 먼저 JBP의 공동의 목표로 정해 나가는 것이다.

이렇게 큰 그림에서의 양사가 추구하는 공동의 목표를 설정하고 나면 이 공동의 목표를 달성하기 위하여 먼저 그들의 소비자는 어떤 소비자들인지를 조사하고 소비자를 이해하고 나면 조사된 소비자의 행태를 기본으로 하여 즉 영업부는 영업부끼리 영업 액션 플랜을, 마케팅은 마케팅끼리 공동의 목표를 달성하기 위하여 공동의 마케팅 액션 플랜을, 물류담당자는 제대로 된 물건 공급을 위한 공동의 목표를 달성하기 위한 세부 액션 플랜을 작성해서 세부 행동강령으로서 각각 시행해 나가면 되는 것이다.

이렇게 JBP 액션 플랜이 만들어지면 그 플랜에 의거하여 일정처럼 실행해가면 되는 것이고, 그리고 JBP에서 가장 중요한 것인 체크 시트 또는 스코어카드의 리뷰를 갑과 을 양사 간에 같이 해야 한다. 즉 이것들의 실행에 대한 결과로서 체크 시트 같은 것을 만들어서 매달 영업 담당과 유통회사 담당은 한자리에 모여 같이 평가해야 하며, 혹시 지난달에 만들어진 액션 플랜에서 실행된 것 중 결과가 미흡한 것이 발견되면 그다음 달에는 그 미흡했던 것을 새롭게 플랜에 반영하여, 그 반영된 플랜을 새로이 달성하기 위해 양사 간에 서로 노력하는 것이 매우 중요하다.

이러한 행사 시행 후에 결과에 대한 검증미팅은 매월, 분기별, 반기별로 이루어지는 것이 보통이며, 연간 전체적인 리뷰 미팅을 가지면서 그다음 연도의 새로운 JBP에 대한 구상을 하게 된다. JBP 운영의 핵심사항은 플랜을 만드는 것이 아니라, 행사 후에 그 결과를 철저히 분석하고, 체크하고 나서 만일 어떤 기회 요소가 발견되면 그것을 다음 플랜에 반영하여 다음 플랜을 제대로 다시 실행하는 것이 핵심이다. 영업에서의 숫자는 혼자 열심히 하면 100% 달성하지만, 거래처인 상대방과 함께하면 120% 달성할 수 있는 것이다.

성장이 멈춰버린 영업

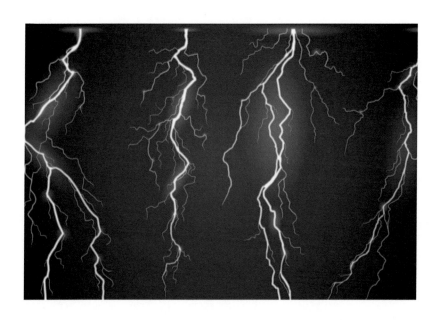

대형유통업체와 영업을 하다 보면, 거래처와 상담 시 그들에게서 영업사원으로서 가장 많이 이야기를 듣게 되고, 그들이 정말로 바라고 원하는 것 중의 하나는 아마도 '차별화'라는 것을 알게 될 것이다. 즉 다른 경쟁 마트와 비교가 되는, 뭔가 다른 차별화를 말하는 것이다. 예를 들면 가격의 차별화, 행사의 차별화, 제품의 차별화, 프로모션의 차별화 등 거의 모든 분야에서 타 경쟁 마트 대비 특별한 차별성을 기대한다. 그리고 이것은 아마도 그들로서는 당연한 수순이고 기대인 듯하다.

필자 자신도 이 책의 앞부분에서 영업사원이 다른 영업사원과 똑같은 방식으로 영업을 하려면 안 하는 것이 좋다라고 적었다. 차별화가 안 되는데 차별성 있는 성과를 만들고, 그것을 기대하는 것 자체가 이상한 것이다. 그리고 이것은 마트를 담당하는 영업사원으로서도 매우 중요하고, 만일 거래처가 원하는 것처럼 차별화를 해줄 수만 있다면 이것은 아마도 비즈니스를 하는 데 정말로 중요한 성장동력이 될 것이다.

그런데 말이다. 진짜 문제는 '계속적인 차별화'라는 것이다. 즉 웬만한 영업사원이라면 그래도 자기가 담당하는 거래처를 위하여 한 번 정도의 어떤 특별한 차별화는 만들어 낼 수 있을 것인데, 이러한 한 번 정도의 단기적인 변화, 단기적인 이노베이션은 단기적인 성과만을 만들 수 있을 뿐이고, 계속적인 변화, 계속적인 이노베이션을 끊임없이 만들어내는 것만이 상호 간 계속적인 성장, 장기적인 성장을 이끌어낼 수 있다. 따라서 계속적으로 관리되는 차별성, 변화, 이노베이션 이것들이 마트 영업을 하는 데 있어서 하나의 토픽이 되는 것이다.

그래서 영업사원은 중요치 않은 일들을 많이 하면 안 되고, 이러한 것들이 영업사원 영업의 본질이 되어야 한다. 물론 말처럼 쉬운 것은 아니나,

본인이 마트를 위해 존재하는 이유 즉 마치 연구소의 새로운 신물질을 만들어내는 연구원처럼 변화에 대한 생각을 많이 하고 고민을 끊임없이 해야한다. 그래서 쉽지는 않지만, 작아도 괜찮으니 새로운 변화, 차별성, 이노베이션을 계속해서 만들어내어 그것이 습관이 되고 버릇이 되어야 한다.

그래서 영업사원은 내부적인 자료를 많이 만들고, 그리고 내부적인 미팅을 많이 하기보다는 외부 영업에 대한 생각을 좀 더 많이 하라는 것이다. 예를 들면 우리는 거래처와 상담 시 다른 유통업체도, 다른 경쟁사도 한번도 시행해보지 않았던 새로운 개념의 새로운 방식의 행사를 제안했었던 적이 있었다. 즉 이것은 기존의 담당 바이어 1명이 취급하던 1~2개의 브랜드, 그 상품만을 이용한 단순 행사와는 달리 회사 전체가 가지고 있는 모든 브랜드를 엮어서 사이즈가 제법 큰 행사를 제안했고, 거래처에서도 1명의 바이어만이 아닌 우리 브랜드와 관련된 모든 바이어들이 참여해야 하는 그야말로 회사 대 회사의 행사로서 사이즈가 제법 큰 행사를 제안했다. 그 결과는 우리의 거래처로부터 전폭적인 지원을 받아서 상당히 좋은 성과를 만들었고, 이것은 양사 간 비즈니스가 상호 동반 상승하는 데 있어서 아주 중요하게 기여한 행사의 형태로서 한동안 진행되어왔다.

그러나 진짜 문제는 그다음부터였다. 무엇이든지 처음에는 새로운 것이지만 시간이 지나면 그것은 더 이상 새로운 것이 아니다. 즉 처음에는 우리만 시행함으로써 이 행사가 거래처에 차별성을 주고 가치를 주어서, 거래처로부터 전폭적인 지원을 받았지만, 시장은 빠르게 흘러가므로 바로 다른 유통사가 따라 하고, 더욱이 우리의 경쟁사는 이것을 벤치마킹하여 더 크게, 더 차별성 있게 만들어서 우리를 따라 하고, 앞지름으로써 우리는 더 이상 변화가 없는 이것만을 가지고 거래처로부터 예전 같은 전폭적인 지원을 계속해서 기대하는 것은 무리였던 것이다. 즉 새로운 것을 시작함과 동시에 바로 다음에 또 새로운 것을 생각하고 고민하여 계속적인 차별성을, 이노베이션을 만들어내지 못한다면 이것은 결과적으로 조만간 더 이상 새로운 것이 아니라 보통의 일상적인 아무나 다 할 수 있는 그저 그런 보통의 일로 전락하는 것이다. 늘 새로움과 차별성을 간절히 원하는 우리의 거래처로부터 전폭적인 지원은 더 이상 받을 수가 없는 것이다.

그럼에도 일반적으로 우리는 과거에 우리의 거래처로부터 전폭적인 지원을 받았던 경험만을 기억하고, 우리가 왜 더 이상 거래처로부터 전폭적인 지원을 받을 수 없는지를 망각하고, 오로지 그 성과만을 기억함으로써 그러한 성과를 다시 만들고자 집착하듯이 그렇게 비슷한 행사의 횟수를 늘리게 되고, 그 행사의 비용을 증대시킴으로서 스스로 더욱더 그 행사의 가치를 떨어뜨리는 결과를 초래한다.

장사 잘 되는 회사 앞 식당을 보면 오늘 장사를 마칠 때즈음에는 그 다음 날의 장사를 위해 그리고 그 식당의 단골손님들을 위해 새로운 반찬과 메뉴를 고민한다고 한다. 매일매일 변하는 새로운 반찬, 즉 작은 변화는 매일매일 그 식당을 찾아주는 단골손님들에 대한 주인으로서의 최소한의 예의라 생각한다고 한다. 그 식당은 장사가 계속 잘 되었다. 그렇다. 생각 안 하는 영업사원은 거래처의 변화와 이노베이션을 계속해서 만들어 낼 수 없고, 그러한 영업사원은 거래처의 차별화를 만들어 낼 수 없고, 거래처의 차별화를 만들지 못한다면 그 거래처에서는 영업적인 성과를 계속해서 만들어내기 힘들 것이다. 연구하고 고민하는 만큼 성과와 결과가 뒤따르는 영업은 마치 과학과 같은 것이다.

영업사원으로서 중요한 마지막 임무

언제나, 어디서나, 모든 것이 그렇듯이 뒷마무리가 잘 되야 모든 일이 완성된 것이다. 영업에서도 뒷마무리는 매우 중요하다. 구두를 만들어도, 핸드백을 만들어도 아무리 좋은 재료와 모든 기술력을 동원하여, 오랜 기간 정성을 기울여서 한 땀 한 땀 명품을 만들지라도 어디에선가 마무리를 잘못하여 실밥이 하나 터져 나온 것이 발견된다면 이 제품은 이제부터는 불량품이라 불린다. 그동안 노력한 것이 모두 한순간에 물거품이 되어버리는 것이다.

한번은 말이다. 정말로 많은 시간과 노력을 들여 어렵게 어렵게 거래처와 함께 판촉행사에 대한 협의를 하고, 이에 대해 거래처에서도 거래처의 하위 모든 지점으로 특별히 우리의 행사 내용을 공문으로 만들어서 내려

보내, 특별히 우리의 행사를 전폭적으로 지원하라고 말할 정도로 거래처의 절대적인 지원을 받아 행사를 진행하였으나 결과는 대실패였다. 정말로 허무하고 황당한 일이었지만, 결과적으로 행사 물건이 부족하여 행사를 제대로 진행할 수가 없었다.

기껏 행사 기획에서부터 시작하여 거래처와 여러 번의 미팅을 거쳐 그렇게 어렵게 협의를 이끌어 내었지만, 마지막으로 물량 준비를 너무 소홀히, 안일하게 했던 것이다. 100m 달리기하는데 95m까지 선두로 달리다가 마지막 5m 남겨두고 넘어진 듯한 그러한 기분이었었다. 그래서 결과는 예선 탈락, 즉 한동안 거래처로부터 심각할 정도로 그것 때문에 많이 시달려야 했다. 거래처에서도 윗분들이 모두 신경 쓰고, 관심 두는 이 중요한 행사를 먼저 제안한 제조업체에서 물건이 없어 그 중요한 행사를 망쳐버렸으니 거래처 안에서도 난리가 난 것이었다. 우리가 너무 앞에서, 너무 행사를 하는 데에만 초집중하고, 또 거기에만 신경 쓰다 보니 어렵게 행사의 합의를 이끌어내고도 제일 중요한 행사 물량을 제대로 챙기지 못한 것이었다. 막연히 '되겠지', '설마', '그럴리가' 만을 되씹으며, 하루 종일 거래처의 물량 독촉 전화에 시달려야 했다.

그다음부터는 필자가 우리 직원들이 행사 관련 결재 서류가 올라오면 세 번 정도 자동으로 되묻는 버릇이 생겼다. "행사는 뭐라고?" "행사는 뭐라고?" "행사는 물량"을 자동적으로 여러 번 되풀이한다. 너무 어려운 곳에만 집중하다 보니 조금만 신경 써서 챙기기만 했으면 그리 어렵지 않은 것이었는데, 이것 때문에 중요한 행사를 망친 사례였다. 그래서 영업 실력 중간만 되어도 척하면 척이라고 무엇을 하면 바로 그다음에 무엇을 할지를 준비한다.

필자가 처음으로 생활용품 영업을 시작할 즈음, 영업 지점 내에서 가장 중요한 일산지역 할인점 전체를 담당했었으므로, 지점 내에서는 가장 매출 포션이 높은 영업사원이었고, 결국 내가 영업목표를 달성하면, 우리 지점의 목표가 달성되고, 내가 영업목표를 달성 못 하면 우리 지점이 영업목표를 달성 못 하는 그러한 상황이었다. 그러던 중 언젠가 한번은 월말 마지막 날까지 거래처로부터 주문을 받아 아주 어렵게 겨우 간신히 마감을 잘하였는데, 문제는 그다음부터였다. 그 잘한 마감으로 인해 나는 회사로부터 좋은 소리도 듣고, 또 영업 마감, 목표 잘했다고 회식도 하고, 그러면서 한 달 영업을 정리하고, 세금계산서 마치고, 어영부영하는 사이 시간이 흐르고 흘러 시간은 벌써 그 다음 달의 5~6일이 되었다. 기분에 취해 즐기는 동안 일주일 동안 한 것은 아무것도 없고, 이제 정신 차려 그달의 행사 플랜 만들고, 뭐하고 그러다 보니 벌써 중순이고, 지난달 말에 밀어 넣은 재고 물량들은 매장에 그대로 쌓여있고, 그래서 결국 그달의 영업은 망하고, 결과적으로 지난달과 이번 달의 매출을 합하면 즉 그게 그거, 괜히 칭찬 듣고 회식하고 결국 남는 것은 하나도 없는 것이었다. 뒷마무리를 생각 안 한 것이다.

대리점이나 마트에 물건을 많이 넣으면, 넣는 순간 바로 동시에 빼낼 생각을 해야 하는 것이다. 특히 마트보다는 상대적으로 월말 오더량이 많은 대리점 영업의 경우는 더더욱이 그러한 것이다. 물건을 넣기만 하면 영업의 완성이라 생각한다면 이 또한 영업 하수인 것이다. 영업사원은 물건값을 받았든 안 받았든, 우리 물건이 회사 창고를 떠나서 마트에 진열되고 그 마트에서 소비자에게 팔려서 계산대 밖으로 빠져나가는 그 순간까지가 영업의 책임이며 그때까지는 그 제품에 대하여 책임질 줄 알고 항상 최선을 다 해야 하는 것이다.

앞에서 이야기했듯이 필자도 담당하는 거래처의 차별화를 위해 정말로 어렵게 다른 마트에서는 팔지 않는 특별한 제품의 몇 품목을 회사로부터 어렵게 결재받아 담당하는 마트에서만 독점적으로 파는 것을 진행한 적이 있다. 그러나 이것도 결론적으로는 망했다. 당연히 처음 들어갈 때는 다른 경쟁 마트 대비 분명한 차별화를 이루었으므로 거래처로부터 상당한 호응과 절대적인 지지를 받으며 입점하며 좋게 진열할 수 있었고, 필자는 이로 인해 내가 담당하는 거래처와 얼마 동안 좋은 거래를 유지할 수 있었다. 그러나 이게 전부였다. 즉 차별화된 상품을 이렇게 입점시키고, 진열해놓고 판촉행사를 소극적으로 함으로 인해 아무리 차별화된 상품이라도 매출이 없으니 점점 매대가 줄어들고 결국 나중에는 퇴출되었다.

회사는 특정 마트만 입점된 특정상품이라 광고 등의 어떤 판촉 관련 행사를 지원할 수 없었고, 담당 영업사원인 필자는 마트에서는 보통 행사를 2주씩 하는데 이 제품을 행사 상품으로 선정하여 2주간 행사를 진행해서는 브랜드파워나 상품 품목이 작아서 2주간의 행사매출목표를 달성 못할 것이 뻔했다. 그렇게 되면 이달 필자의 마감은 이것으로 인해 망가질 것이므로, 필자도 이 상품을 적극적인 행사상품으로 추천 못 했고, 점점 어렵게 가져온 차별화를 위한 제품의 매출이 줄어들고 결국 나중에는 퇴출까지 당하게 된 것이다. 즉 이 경우도 앞에서의 차별화를 위하여 새로운 상품을 가져오는 것만을 생각하고 뒷마무리를 소홀히 해서 잘 안 된 경우이다.

유통업체와 실전 영업 시 매출 10% 더 올리는 팁

영업의 주체는 누구?

유통업체와 제조업체 간의 최고위직, 즉 사장님과 사장님 간의 만남은 영업을 하는 사람의 입장에서는 매우 중요하다. 절대적인 권한을 가지고 있는 사장님의 말씀 한마디는 영업실적에 있어서 천당과 지옥을 넘나들기도 한다. 그래서 어느 영업사원의 경우는 자기 비즈니스가 힘들면 사장님들끼리 만나서 어찌어찌 해주기를 은근히 기대하는 사람도 있다. 이러한 영업사원은 하수인 것이다.

결론적으로 말하면 제조업체의 영업사원 입장에서 보면 양사 사장님과의 만남은 잘해야 본전인 것이다. 비즈니스가 실무자끼리, 상호 간에 아주 좋은 협력관계를 서로 유지함으로써 아주 잘 될 때 인사차, 담당 직원들을 격려차 방문한다든지, 아니면 새롭게 부임해서서 주된 이야기가 비즈니스 이야기보다는 상호 간 상견례를 중심으로 미팅한다든지 하면 그때만이 본전일 것이고 나머지는 거의 모두 다 본전도 못 건진다는 것이다.

통상적으로 대부분 유통업체의 사장님들이 상대편인 거래처의 고위직을 만날 때 담당 바이어 입장에서는 그 거래처와의 비즈니스 현황에 대해 아주 상세히 보고해야 하는데 비즈니스 실적이 아주 좋지 않으면, 대부분의 담당 바이어들은 그 거래처의 실적을 보고할 때 자기의 상사로부터 실적 부진에 대한 꾸지람을 듣거나 새로운, 매우 어려운 숙제 거리를 받아 해당 제조업체에 다시 요구하여야 하므로 비즈니스가 점점 더 어려워지는 것이 일반적이다. 또한, 비즈니스가 잘 되는 상황이라 하더라도 보통은 더 잘되라고 새로운 지시를 받는데 그 새로운 지시 또한 해결하기 힘든 것이 일반적이다. 마치 긁어서 부스럼인 것처럼 말이다. 그리고 보통의 경우도 양사 고위직 두 분의 관계가 아주 오래전부터 미리 알고 있는 서로 친분이 있는 관계가 아니라면 미팅을 마치고 나서 특별히 비즈니스적으로 담당 바이어에게 긍정적인 영향력을 미쳐 비즈니스가 더 잘되게 하는 경우는 매우 드물다.

유통업체와 거래함에 있어서 비즈니스의 주체는 항상 담당 영업사원과 담당 바이어인 것이다. 담당 영업사원이 담당 바이어와 함께 플랜을 만들어서 그것을 매장에서 담당 바이어와 함께 실행하여 성공시켜서 매출이 잘 나오는 구조가 영업에 있어서는 가장 바람직하다. 즉 밑에서부터 일하는 사람들끼리 서로 협력하고, 협조하여 만들어지는 그런 플랜에 의해 발생되는 매출이 가장 좋은 것이며, 그것으로 인해 영업사원 자체도 자신감과 영업 실력을 성장시킬 수 있다.

할인점팀에서 일할 때의 일인데, 영업하다 보면 담당 영업사원과 담당 바이어 간에 의견 대립이 있어서 비즈니스가 잘 안 되는 상황이었다. 그때 어찌어찌 양사 고위층 간의 만남이 이루어지고 양사 고위층 간의 협의로 인해 마트 측의 고위 임원이 마트 담당 바이어에게 마트 담당 바이어가 원하지 않는 방향으로 업무지시를 내리게 해서 어려운 일이 해결된 적이 있었지만, 이것은 순간적인 해결책일 뿐이었다. 그 일로 그 영업 담당자와 그 담당 바이어의 관계는 더욱더 안 좋아져서 매사 모든 일에 시비가 붙어 단기적으로는 일이 해결된 것처럼 보였으나 장기적으로는 더욱더 안 좋은 비즈니스 결과를 초래했다.

담당자들 간에 무슨 일이 있어 좀처럼 해결 기미가 안 보여 부득이하게 도움을 주기 위해 양사 고위직 임원이 만난다 하여도 고위직 임원끼리는 큰 그림에서 잘해보자는 원론적인 협의만을 하고 세부적인 플랜과 최종 결정과 그 권한은 그 담당 바이어와 해당 영업사원에게 주어 결국 형식상으로나마 그 담당들이 모든 것을 주도하고 결정해서 그 담당 바이어가 스스로 문제 해결을 만들어내는 그런 그림을 연출하도록 도와주는 것이 최선이다. 담당 바이어는 하기 싫지만 고위직의 지시에 의해서 어찌어찌 해야 하는 일방적으로의 문제 해결의 지시를 받는다면, 대부분의 자존심 강한 바이어들은 상사가 시키니깐 어쩔 수 없이 한다. 그러니 앞으로도 문제가 생기면 날 찾지 말고 '우리 임원에게 찾아가서 상담해라'는 식의 마음을 가지는 경우가 많다.

영업하다 보면 그리고 간혹 부하 직원과 함께 일을 하다 보면 거래처에 무슨 일이 있는데 꼭 같이 좀 가달라고 나에게 먼저 요청하는 사원들이 종종 있다. 자기 혼자서는 도저히 거래처의 바이어를 설득할 수가 없으니 같이 가서 도와 달라는 것이다. 문제는 한두 번이야 도움을 요청하니 같이 방문해서 가이드도 해 주고 상담하는 스킬들도 보여주면서 자신감을 심어주는 목적이라면 좋지만 이를 계기로 부하 직원이 상사에게 의존한다면, 그 상사가 마트를 방문해서 어떤 문제를 해결해 주기만을 기대하고 또 그래서 해결되었다면 앞으로 그 마트에서는 담당 영업사원은 제쳐 두고 그 문제를 해결해준 그 상사와 직접 이야기하고, 일하기를 원할 수도 있는 것이다. 그렇게 되었을 때 그 마트에서 그 담당 영업사원의 존재감은 이미 없어진 것이고 그 영업사원이 그 마트에서 좋은 성과를 내기란 매우 어려운 것이다.

상사는 문제점을 찾아 가이드해 주고 인풋해 주는 것으로서 역할이 끝나야 하고, 영업사원 자신 스스로가 가이드 받은 것과 인풋받은 것으로서 그 문제 해결을 직접 해야 한다. 그렇지 않다면 그 영업사원의 역할은 점점 사라질 뿐이다. 물론 어떤 문제가 생겼을 때 아무 보고도 안 하고 혼자서 끙끙 앓다가 일을 완전히 망쳐버리는 영업사원보다야 훨씬 낫지만, 결국 영업의 주체는 담당 영업사원인 것이고, 담당 바이어인 것이다.

또한, 반대로 비즈니스 상황이 안 좋으면 오히려 제조업체의 상사가 담당 영업사원에게 비즈니스가 궁금하기도 하고 도움 주려는 목적으로 거래처 언제 만날 수 있냐고 반대로 요청하는 경우도 있다. 그래서 유통업체 고위직을 한번 만나고 와서 문제점이 무엇인지 같이 고민하고 그걸 해결한다면 좋은 일이지만, 상사분들끼리 한번 만났다고 안 좋았던 비즈니스 상황이 갑자기 좋아지는 경우는 없다. 다만 뭔가 있다면 그건 아까 이야기한 것처럼, 밑으로 쉽게 해결할 수 없는 업무 폭탄이 내려오는 등의 부작용이 발생할 확률이 매우 높다.

다만 담당들끼리의 어떤 갈등으로 인해 상사분들끼리 부득이하게 만났다면, 담당 영업사원이나 담당 바이어에게 어찌 되었든지 빨리 둘이서 문제를 해결하라는 무언의 압력을 넣는 것만이 가장 좋은 것이다. 그래서 담당 영업사원과 담당 바이어가 문제 해결을 자기들의 최고의 과제로 삼는 것 자체만으로도 상당한 성과가 있는 것이다. 그렇지 않고 상사둘 둘이서 주도적으로 문제 해결을 한다든지, 아니면 제조업체 상사분의 요청에 의해 너무 자주 주기적으로 만남을 가진다면 이것은 비즈니스 측면으로 볼 때도 별로 도움이 될 것은 없다. 때로는 고위직끼리의 잦은 만남이 비즈니스를 성장시키는데 큰 장애물이 될 수도 있다. 비즈니스 상황이 안 좋은 상태에서 담당 바이어는 고위직끼리의 만남을 극도로 싫어한다.

거듭 말하지만 바이어 입장에서는 자기 상사가 자기 거래처의 고위직을 만날 경우 그 거래처와의 비즈니스 상황을 자세히 보고해야 하는데 잘 안 되는 비즈니스 상황을 자기 상사에게 자주 보고하고 싶어하는 사람은 없을 것이다. 십중팔구 안 좋은 피드백을 들을 것이고 더 어려운 숙제만을 받을 것이다. 특히 한번 만남 이후 제조업체의 요청에 의해 자기 상사를 주기적으로 자주 만난다면 이것은 바이어로서는 매우 힘들 것이다. 그때마다 안 좋은 비즈니스 상황을 반복해서 보고해야 하고, 그때마다 지시받은 정답 없는 숙제도 다시 보고드려야 하니 죽을 맛이고, 결론적으로 담당 영업사원과 담당 바이어의 관계는 서로 불신만을 키운 채 점점 더 어려워지는 것이다. 이런 상태에서 바이어는 보통 적극적인 해결책을 찾는 대신 영양가 없는 소극적인 해결책을 찾아 임시방편의 단기적인 처방만을 하려 할 것이다. 고위직 상사끼리의 만남은 처음에 가야 할 방향과 이야기하는 방법들을 그리고 비즈니스에 대하여 코치해 줄 수는 있지만 결국 실제로 그것을 적용하고 만들어 내야 하는 것은 모두 담당 영업사원의 몫일 것이다.

인정받는 판촉행사 만들기

마트에서의 영업활동을 하면서 가장 많이 고민하는 것 중에 하나는 매장 내 행사를 어떻게 진행해야 하는가일 것이다. 거의 매월 이루어지는 행사의 행사 시기, 프로모션 내용, 프로모션 상품, 행사 물량 등 영업사원으로서 신경 써야 할 부분이 너무도 많은 것이 사실이다. 이러한 일들이 매월 반복되므로 판촉행사의 제안과 시행은 영업사원의 일상 업무 중 가장 중요하면서도 힘든 일 중에 하나가 되는 것이다.

이러한 행사를 성공시키기 위해서 가장 고려해야 할 사항은 첫 번째로 얼마나 해당 마트와 협력이 잘 되어있는가의 행사와 관련한 그 협력 수준이다. 우리는 이렇게 하고 싶은데 마트 쪽에서는 저렇게 하고 싶다든지 우리는 이걸 하고 싶은데, 마트는 저걸 하고 싶다든지 해서 영업사원과 바이어가 완전히 다른 생각으로 충분한 협의 없이 매장 내에서 바이어에 의해 일방적으로 진행되는 행사는 영업사원 입장으로서는 돈과 시간만 낭비하게 될 것이다.

우리는 파는 제품에 대해서는 우리가 제일 잘 알 것이다. 그렇지만 이 제품을 어찌하면 그 해당 마트 안에서 제일 많이 팔 수 있는지는 그 해당 마트 안에서 여러 가지 품목들의 행사별, 시기별, 장소별로 판매 추이를 매일 보고, 매출증진을 항상 고민하는 해당 마트의 바이어가 제일 잘 알 수 있을 것이다. 그러므로 매장 내 판촉행사를 시행할 때는 영업사원이 행사 제안서를 만들어 주고 행사 플랜을 담당 바이어와 협력해서 만들되, 뻔히 알면서도 속아줘야 할 때가 있듯이 그들이 좀 더 주도적으로 만들어간다는 인상으로 행사제안서를 만들어주는 것이 중요하다.

가령 두 달 뒤에 어떤 중요한 행사가 있을 것 같으면 미리미리 담당 바이어에게 그 행사 건에 대하여 "이거는 이렇게 할까요?" "저거는 저렇게 하는 게 좋겠지요?" 하면서 제안하면 바이어 본인이 행사의 주도권을 쥐고 있다는 생각에 좀 더 행사의 진행은 쉬워질 것이고 그 미팅도 원만해질 것이다. 구슬이 서 말이라도 꿰야 보배라는 말이 있듯이 아무리 좋은 행사 플랜도 주도권을 쥐고 있는 바이어와 매장의 협조 없이는 큰 성과를 기대하기 힘들다. 그렇게 해당 매장 안에서 전폭적인 협조를 받아야만 그 행사가 성공할 확률이 높아진다.

우리 영업사원들이 매장 내에서 행사를 진행했는데도 그 행사의 성과가 미흡했다면 먼저 매장으로부터 전폭적인 지지를 받으면서 행사를 진행하였는지를 체크해봐야 할 것이다. 매장으로부터 전폭적인 지지를 받는다면 행사 장소나 행사 기간 등은 두말할 것 없이 잘 나올 테니 말이다. 행사의 성과는 언제, 어디서, 무엇을, 어떻게, 얼마나, 넓게, 길게, 오랫동안, 어디에 진열하는가에 따라서 매출액의 차이는 크게 변할 것이고 이것의 주도권은 마트 측에서 가지고 있는 것이다.

두 번째로는 아무리 행사매출이 중요하다 해도 영업은 영속성, 지속성이 중요하므로 후유증이 남는 행사를 기획하면 안 된다. 멋진 행사를 진행할 욕심에 지키지도 못할 약속을 하면 안 되는 것은 당연하다. 행사 시에는 가능하다면 가격 위주의 행사보다는 다른 마트 대비 차별화된 프로그램으로 행사의 콘셉트를 정하여 경쟁하는 것이 결과적으로는 제조업체나 유통업체가 모두 좋은 것이다.

유통업체에서는 주로 행사 효과가 즉시 나오고, 상대적으로 파급 효과가 큰 '가격 할인'과 같은 가격 관련 프로모션을 주로 하려고 하는 게 일반적이다. 피할 수 있으면 피하는 게 좋으나 항상 매번 피할 수는 없으므로, 만일 어쩔 수 없이 가격 관련 행사를 해야 한다면 가격이나 밸류 비교가 상대적으로 즉시 바로 할 수 있는, 본 매대에 단품으로서 진열된 단품 상품의 행사보다는, 가격 저항이 상대적으로 적은 프로모션팩이나 증정품을 이용한 행사가 진행되도록 해야 한다. 정규 단품 상품 위주의 행사는 가격 할인율 그리고 타 마트와 직접적인 가격의 비교로 인해 단기적인 행사 성과로는 매우 좋을지 모르나, 결과적으로는 그 단품의 가치 하락으로 인해 그 제품의 판매수명을 단축하게 된다. 이것은 만일 어느 마트에서 단품으로 행사를 시작하면 경쟁적인 관계에 있는 다른 마트의 바이어는 그 상황을 자기 상사에게 보고하여야 하는데 단품 가격의 행사는 가격 비교가 너무 쉬워서 결국 경쟁적인 마트의 그 단품 가격도 그만큼 또는 그보다 더 내려야 한다. 그래서 마트에서 그 상품의 마진이 점점 줄어들게 되면 팔아도 마진이 없거나 적은 상품이 되어 결과적으로 그 단품은 그 마트에서는 퇴출되는 것이다.

필자가 마트 담당자로서 일할 때 한번은 행사 기획을 구상하는데 필자는 A라는 제품을 가지고 바이어와 함께 행사 기획에 대하여 한참을 이야기한 적이 있다. A라는 제품은 전 국민 욕실에 모두 하나씩은 있을법한 제품으로 마트 입장에서는 매출 포션이 상당히 커서 이 제품을 무시할 수는 없지만 계속 전년 대비 매출실적은 떨어져서, 전년 대비 100% 이하를 유지하고 있는 바이어로서는 골치 아픈 일반 생활용품 중에 하나였다. 그러다 보니 유통업체별로 너무 가격 경쟁 관계가 심해져서 작년에 판매가격이 한 병당 대략 1만 원에 팔리던 것이 올해는 거의 7천 원 수준까지 떨어진 상황이었고, 담당 바이어는 이 제품을 좀 더 파격적인 행사상품으로 만들어서 마트끼리의 경쟁에서 행사 주도권을 잡고, 자기 마트의 우위를 과시하기 위하여, 설사 자기들이 거의 역마진이 나온다 해도 행사가격을 5천 원 정도로 해야 한다고 주장하는 상황이었다. 제조업체인 우리에게 요청 상황은 단지 행사물량만 철저히 잘 준비하라는 것이었다.

이 상황에서 필자가 말한 것은 아주 단순했다. 지금도 매출액이 100%를 밑도는 전년 대비 인덱스 때문에 곤란을 겪고 있는데, 작년에 1만 원에 팔던 제품을 지금 5천 원에 팔면, 그래서 만일 손님이 2배로 와서 팔리는 수량이 전년 대비 2배가 되면 비로소 전년 대비 100%의 매출을 달성하는 것이고, 손님이 전년과 비슷하게 와서 비슷한 수량이 팔린다면 전년 대비 인덱스는 반 토막이 날 것이다. 그래서 가격을 내렸으니 가격적인 이점을 느껴서 다른 마트로 가던 소비자들이 대거 여기로 이동해와야 할 것인데, 마트의 특징상 여기가 오늘 가격을 내리면, 바로 다른 마트들도 똑같이 가격을 따라서 그만큼 내리므로 소비자 입장에서는 특별히 이것만을 구매하러 여기로 올 이유가 별로 없는 것이고, 거기다 판매가격을 내렸으니 매출액은 전년 대비 더 많이 떨어져서 바이어는 더 힘들어지고 거기에 마진액도 줄어들게 되면서 결과적으로 동종업게 모두가 힘들어지는 것이다. 단 하나 남는 것이 있다면, 그것은 서서히 그들이 함께 모두 망가져 간다 해도 가격을 리드해나갔다는 그 자존심 하나만이 남을 것이라고 설명했다.

여기서 필자가 바이어를 설득한 논리는 다른 마트들은 1만 원짜리를 5천 원에 팔아서 매출액이 빠지고, 마진이 빠진다 하여도 꼭 그렇게 한다면, 우리는 우리의 손님 중 가격을 비교하는 일부 소비자들을 위해 가격경쟁력은 맞춰야 하므로 타 마트의 판매가격 하락에는 따라만 간다는 식의 소극적인 대응으로서, 적극적인 대응을 하지 않음으로써 판매량을 줄여 손실을 최소화하고, 우리의 주력 행사상품은 1만 원짜리를 1만3천 원에 팔 수 있는 고부가가치, 타 마트와 차별화된 다른 상품을 행사품목으로 정하고 거기에 다른 행사 콘셉트를 적용하여 차별화를 기하지 않으면 우리 모두 힘들어질 것이라고 설득한 적이 있다.

그래서 결론적으로 이 행사는 받아들여져서 상당히 성공적이었고 필자의 담당 마트나 바이어도 상당히 만족해했던 행사 중의 하나였다. 사실 필자는 영업적인 생각으로서 삼성전자가 돈을 버는 이유는 100만 원짜리 핸드폰을 할인 안 하고 100만 원에 팔 수 있는 능력이 있기 때문이라고 생각한다. 핸드폰을 구매할 때 보면 무슨 혜택, 무슨 혜택을 말하면서도 핸드폰 그 자체의 가격은 깎아주지 않는다. 영업적으로 보면 이것이 영업 능력인 것이다. 영업적으로 보면 50% 할인과 1+1은 엄연히 다른 것이다. 즉 할인점은 다른 채널인 슈퍼마켓이나 편의점 대비 할인점으로의 가격경쟁력이 있으면 되는 것이고, 같은 할인점끼리는 1만 원짜리를 1만 원에 제값 받고 팔면서 서비스나 제품의 차별화, 고객의 만족도 등 다른 것으로 승부해야지 같은 할인점끼리 10원 싸게 하는 가격할인 경쟁은 결국 할인점 모두가 안 좋을 것이라 생각한다. 결국, 지금에 와서 보면 이러한 무자비한 프로모션 상품의 양산과 이들의 끊임없는 가격 할인 경쟁이 결국 부메랑이 되어서 할인점 성장의 정체를 가져오고, 과도하게 대량 판매된 일부 상품들의 경우는 할인점이 동네 슈퍼마켓보다도 가격경쟁력에서 밀리는 원인이 되고 있다고 생각한다.

영업사원에게 상담이란?

영업부서에 처음으로 배치받은 신입사원이든지 아니면 신입사원이 아니라도 오랫동안 영업일을 해왔음에도 거래처와 상담해서 성과를 직접 만들어 내야 하는 최전방 영업부서가 아닌 전략본부나 기획부서에서만 영업을 오래 한 사람의 경우 종종 거래처에 영업사원과 함께 중요한 상담을 위해 방문하게 되면 자기도 모르게 한숨과 함께 "많이 떨려요!"라는 소리를 종종 듣게 된다. 그러나 이는 비단 신입사원이나 오랜만에 거래처를 방문하는 사람들만이 아니라 누구라도 소위 말하는 '갑'의 입장인 사람을 만나서 회사의 중요한 플랜을 설득시키고, 그것을 팔고 와야 하는 중요한 순간이라면 오랫동안 영업을 한 중견 사원의 경우도 긴장감과 설렘을 느낄 것이다. 더욱이 회사의 아주 중요한 프로젝트를 거래처와 진행하고 그와 관련된 중요한 미팅을 상사분을 모시고 거래처와 함께 할 때면 더욱더 그런 것 같다.

일전에 텔레비전을 보다 보니 어느 무명 가수가 가요 프로그램에 나와서 자기의 노래를 마치고 무대로 내려가면서 펑펑 우는 모습이 나왔다. 나중에 그분에게 왜 그리 울었냐고 사회자가 인터뷰를 하는데 너무나 긴장되고 떨려서 모든 노래를 마치고 무대를 내려오는데 자기도 모르게 눈물이 펑펑 나왔다고 했다. 결국, 그 분은 그 프로그램에서 기대 이상의 좋은 성과를 냈고 그것을 듣고 있던 아주 유명한 기성 가수가 자기도 그렇게 노래를 오래 하고, 그렇게 많이 무대에서 노래를 해보았어도 지금도 무대에 올라가기 전에는 신인가수처럼 항상 설레고 긴장되고 떨린다고 했다.

그렇다. 누구나 한 번쯤은 느껴보았을 만한 무대에만 서면 작아지는 무대 공포증, 우리는 그 느낌이 뭔지 모두 잘 알 것이다. 그리고 어느 누구는 '무대체질'이라는 소리를 듣기도 있지만, 그것은 본인이 느끼는 것이 아닌, 다른 사람들에게 보이는 이미지이므로, 정도의 차이는 있을지 몰라도 그런 사람들도 무대에 막 걸어 올라갈 때는 대중들에게 프로다운 모습을 보이고 싶어 드러내지 않으려고 애쓰는 것일 뿐 어느 정도의 긴장감은 느낄 것으로 생각된다.

필자의 경우는 어떤가? 오랜 세월 영업을 했고, 누구보다도 잘할 수 있다는 그런 영업을 위해 거래처에 들어갈 때, 오늘 거래처에 들어가서 무엇을, 어찌 이야기할 것인가를 머릿속으로 혼자 생각하면서 거래처 문 앞에 서면 나도 모르게 약간의 긴장감을 느끼는 것이 사실이다. 그러나 필자의 경우는 바로 의자에 앉아서 "반갑습니다! 오랜만입니다!"라고 이야기하는 순간 긴장감은 어느덧 사라지고 어느새 거래처와의 상담과 미팅 그 자체를 즐기는 것 같다.

필자도 사람인지라 이야기가 잘 되어 상담이 잘 되면 더욱더 즐기면서 거래처와의 미팅을 진행한다. 그러면서도 조금 나쁜 결과가 나온다 하더라도 미팅 자체를 즐기려고 노력하는 것 같다. 마치 자기 나이에 비해 바둑을 조금 잘 두는 어느 아이가 조금 어려운 바둑 문제가 나오면 거기에 더욱더 빠져들고 집중하면서 문제를 찾아가는 과정을 즐기고 어떤 희열을 느끼는 것처럼 말이다. 필자가 상담이 잘 되어 미팅을 즐긴다는 것은 준비해 온 플랜과 이야기하고자 준비해온 것들이 거래처로부터 호응이 좋다는 것이고, 상담이 잘 안 되어 미팅을 조금밖에 못 즐긴다는 것은 내가 준비해온 플랜과 이야기가 미흡하여 거래처로부터의 호응이 적다는 것이다. 그래서 필자는 오랜 경험상 마음이 어찌 될 것인지 미리 잘 알 수 있는 것 같다. 만일 필자가 미팅을 위한 플랜을 충실히 준비했다면 거래처와 함께 많이 즐기면서 즐겁게 미팅을 마무리할 것이고, 거래처와 미팅을 위한 플랜을, 이야기할 것들을 충분히 준비 못 했다면 상대적으로 덜 즐기는 미팅이 될 것이다.

그래서 필자는 항상 거래처와 미팅을 하러 가기 전에는 습관적으로 상대방과 함께 상당히 즐기는 미팅을 기대하고, 즐기는 미팅을 하기 위해서 그 미팅의 이야깃거리에 대해 충분히 생각하고 설렘을 가진다. 그리고 마치 학교 다닐 때 태어나서 처음으로 시험 100점 맞아서 빨리 어머님께 시험지를 보여주고 싶어서 한걸음에 집으로 달려가던 심정으로 거래처와 함께 즐기는 미팅을 하고 싶어 한걸음에 거래처로 달려가고 싶은 마음을 가진다.

그렇게 거래처와 비즈니스 상담을 시작하면 처음에는 보통 안부를 묻는

다든지, 날씨를 이야기한다든지 등의 일반적인 가벼운 주제로부터 시작한다. 그렇게 또 이야기를 시작하면 아주 당연한 이야기들만을 이야기함으로써 상대방이 절대로 '아니요'라는 말을 할 수 없을 정도의 거의 100% 상대방이 맞다고 생각할만한 것만을 주제로 이야기해서 상대방이 계속 "예" "그렇지요" "맞아요"라는 이야기만을 하게 한다.

이것은 필자의 이야기에 대한 거부감을 줄일 수 있고 어느 정도 자기와 비슷한 인식을 하고 있다는 인상을 줄 수도 있다. 그렇게 아주 당연히 맞는 이야기만을 어느 정도 지루하지 않게 하고 나면, 이제부터는 상대방이 나보다 당연히 훨씬 더 많이 알고 있고, 또 당연히 상대방이 거의 100% 알 만한 것들을 상대방에게 몇 개 질문하여 상대방이 자신 있게 편하게 주도적으로 나에게 말할 수 있는 분위기를 만든다. 그리고 그 상대방으로부터 질문에 대한 대답을 듣는 필자는 계속해서 "네" "그렇군요" "아 맞네요"를 연발한다. 그래서 전체적인 분위기 자체가 "네" "맞네요" "그러네요"라는 상호 동의하는 분위기 속에서 필자는 오늘 중요한 이야기를 해야 하는 거래처 바이어의 컨디션과 분위기를 살필 수 있다.

그래서 분위기가 어느 정도 괜찮다고, 좋다고 판단되면, 이제 중요한 비즈니스의 이야기를 조금씩 시작하는데, 여기서도 그 영업 플랜 자체보다도 플랜으로 인해서 그들이, 그들만이 취할 수 있는 이득이 무엇인가를 집중적으로 설명한다. 결국, 상대방과의 대화 시 'No'라고 말할 수 없도록 가벼운 대화부터 시작해서 계속 'Yes'라는 대답을 만들어 나가는 분위기를 만들어 나간다면 만일 우리의 최종 제안이 거절당한다 하더라도 "현재로썬 이거는 조금 힘드므로 이렇게 한다면 가능하겠네요"라는 100%의 거절이 아닌 50%만의 거절을 당할 확률이 높을 것이고 다음번에 다시 거래처의 의견을 반영한 대안을 제시할 수 있는 플랜을 들고 가면 그 플랜은 어느 정도 성공할 가능성이 높아진다는 것이다.

만일 이러한 과정 없이 그 중요한 플랜을 아무 이야기부터, 거래처 바이어의 분위기도 파악 못 한 채 일방적으로 이야기를 꺼냈다가 '안 된다'라는 100%의 거절을 당한다면 이 플랜은 다음 번에 아무리 다시 수정한다 해도 거래처에 다시 팔 수 있는 확률은 거의 없는 것이다.

진정한 영업 고수, 100전 51승

비즈니스를 상담하는 영업사원의 태도와 이미지는 영업을 하는 사람에게는 매우 중요한 것이다. 필자는 습관적으로 거래처와 비즈니스를 상담할 때 상대방의 눈을 주로 많이 쳐다 보지만 집중해서 뚫어지라고 눈싸움 하듯이 쳐다보지는 않는다. 시선을 흐트리지 않고 상대방에게 '내가 지금 당신 말을 집중해서 듣고 있어요!'라는 메시지를 주기 위한 정도이다. 그래서 상대방에게 태도로서 신뢰를 줄 수 있고, 내가 하는 말에 대한 확신과 자신감을 보여줌으로써 성공적인 비즈니스 협상이 마무리 될 수 있는 것이다.

오래전에 상담을 하기 위해 거래처에 들어갔다가 그 마트의 상담실에서 바이어와의 상담을 잠시 기다리는 중 평소 안면이 있는 다른 회사 영업사원을 우연히 만났다. 그래서 이런저런 이야기를 하다가 "상담 전인데 긴장되지 않으세요?"라고 물으니 자기는 바이어와 상담할 때나 상담 전에 기다릴 때도 전혀 긴장하지 않는다고 했다. 필자는 속으로 피식 웃었다. 무식하면 용감하다고 이는 영업경력이 제법 된 영업 하수들에게서 나타나는 전형적인 현상 중의 하나일 뿐이다.

주변을 둘러보라. 이리 말하는 사람을 자세히 보면 영업경력은 오래되었지만, 영업실적을 거의 못 내는 영업 선배들의 허세일 뿐이다. 중요한 미팅일수록 미팅 전에 갖는 적당한 긴장은 미팅의 내용을 좀 더 충실하게 만든다. 또한, 간혹 어느 영업사원이 거래처와 비즈니스를 상담하는 모습을 보면 표정이나 태도가 울상이며, 왠지 불안하고, 자신감도 없어 보이고 바이어에게 계속적으로 불쌍한듯한 태도를 보이며 "바이어님 꼭 부탁드립니다. 저는 이거 안 되면 회사에서 잘릴지도 모릅니다, 한 번만 도와주세요" 등의 동정심을 유발하는 단어를 써서 결국 동정심으로 무엇인가를 얻고자 하는 이른바 앵벌이 전략을 고수하는 영업사원들이 있는데 이 또한 영업 하수들의 공통적인 모습 중 하나일 뿐이다. 그리고 또한 어느 바이어가 영업사원의 이러한 모습을 즐기려 하고, 즐기고 있다면 그 바이어 역시 하수 중의 하수일 뿐이다.

오래전에 어느 영업사원이 영업실적이 안 좋아서 어느 높은, 영업 출신이 아닌 상사에게 혼나고 있을 때 그 높은 상사분이 '영업이 힘들면 거래처에 가서 바이어와 술이라도 한잔 먹고 어찌해보라'고 하는 이야기를 들은 적이 있었다. 그 높은 상사분 역시 하수 중의 하수일 뿐이다. 바이어와 같이 술 먹고, 접대하면 영업결과가 좋아질 거라고 생각하는 그런 높은 분이 회사에 있고 영업을 그리 생각한다면 그 회사의 미래는 어두울 뿐이다. 충분하고 실현 가능한 플랜으로 여유있는 태도와 확신에 찬 모습으로 예의를 갖추어 진지하게 상담하면서도 때로는 자연스러운 웃음을 만들어내는 협상 태도는 좋은 결과를 만들어낸다.

아주 예전에도 필자가 거의 처음으로 영업을 시작할 때, 회사 영업부 선배들이 후배들에게 나름 영업을 가르친다고 하면서, 만일 거래처에 가서 상대방 바이어와 비즈니스 미팅을 하게 되면 바이어 눈을 집중해서 뚫어지라 쳐다보면서 이야기를 해야 하고 상담 중에 절대로 눈을 깜빡거리지 말고 이야기해야 한다고 한 적이 있고 그래야 바이어의 기선을 제압할 수 있다고 말한 적이 있다. 이건 오래된 이야기다. 예전에는 통했는지 몰라도 요즘은 이리해서 기선제압 당할 바이어는 하나도 없다. 그리고 또 바이어를 굴복시켜서, 기선제압 해서 뭘 얻으려 하는지 모르겠다. 거듭 이야기하지만 바이어를 이기려고, 굴복시키려고 생각한다는 그 자체가 영업 하수인 것이다. 단기적으로는 조그마한 것 뭐 하나를 이룰지는 모르지만, 결과적으로 장기적으로 그 비즈니스는 잘 될 수가 없다.

바이어는 바보가 아니다. 협력의 대상자고, 같이 성장해야 할 동반자이고, 상생의 파트너인 것이다. 권투나 격투기 같은 스포츠 경기를 보다 보면 내가 응원하는 선수가 상대방을 일방적으로 시원하게 마음껏 두들겨 패줄 때 관중으로서 시원함과 통쾌함을 느낀다. 특히 상대방이 우리가 싫어하는 어느 외국의 선수라든지 아니면 라이벌이라 불리는 선수가 나오면 더욱더 그러한 것 같다. 반대로 그 외국 선수라든지 라이벌 선수의 입장에서 보면 너무 일방적으로 얻어맞은 것이 화나고 자존심 상해 다음번에는 반드시 설욕하겠다고 이를 꽉 물고 다닐 것이다. 그것도 자기가 그래도 갑이라고 생각하는데 을에게 그렇게 당했다든지 아니면 나에게 싸움을 항상 지던, 평소 힘없는 아이에게 당했다고 생각하면 더더욱이 이를 꽉 물고 다닐 것이다. 그래서 그다음의 싸움은 좀 더 힘들어질 것이다.

그렇다. 우리의 거래처는, 우리의 바이어는 영업사원의 적도, 라이벌도 아니고 상생의 파트너인 것이다. 우리와 함께해야 할 사람인데 우리가 일방적으로 두들겨 패서 얻을 게 뭐가 있겠는가? 결국, 거래처를 비즈니스의 파트너라 생각한다면 5번 이기면 3~4번은 져줘야 하는 것이다. 이기더라도 10대 0보다는 8대 7, 9대 8 정도의 점수로 이겨서 그들의 자존심을 지켜줘야 하는 것이다. 투수 입장에서 강타자를 공 3개 일방적인 삼진으로 잡는 것보다는 외야플라이가 좋다. 타자가 강타자일수록, 투수가 지능적일수록 더 그런 것 같다. 관중 입장에서는 삼진이 더 흥미롭고 통쾌할지도 모르지만, 센 선수를 상대로 또다시 다음번 경기를 준비해야 하는 투수 입장에서는 쓸데없이 철천지 원수를 안 만드는 것이 좋다. 결국, 다음번에도 이기는 것을 최종 목적으로 두고 생각하면 더 그런 것이다.

즉 바이어가 지는 줄 모르게 이기는 것이 좋다. 센 선수를 자존심 건들면서 이겨봐야 그 선수는 더 실력을 갈고닦아서 나를 10대 0으로 이기려고 덤벼들 것이고, 결국 나를 힘들게 할 것이다. 즉 영업은 이겨도 상대방의 기분이 덜 나쁘게 이기는 것이 중요하다. 또한, 반드시 일방적으로 이겨야 하는 적이 아닌 이상, 상대방에게서 모든 것을 다 가지려 하고, 모든 것을 다 이기려 한다면 정말 중요한 한 가지를 놓칠 수 있다. 상생 파트너인 상대방을 배려 안 해주고 작은 것들까지도 모두 다 싹쓸이하듯이 일방적으로 차지하려 한다면 정말 중요하고, 반드시 꼭 이겨야 할 때 결국 지게 될 것이다.

신뢰받는 영업사원의 이미지

영업사원이 영업을 하는 데 있어서 또 하나의 중요한 역할을 하는 것이 영업사원의 이미지이다. 그리고 이것을 결정하는 첫 이미지는 인상과 복장이 될 것이다. 기왕이면 다홍치마고 보기 좋은 떡이 먹기도 좋다고 영업하기도 전에 프로처럼, 전문가처럼 보인다면 영업활동을 하는 데 있어서 도움을 줄 수 있다. 요즈음은 자율 복장이 많고 중요한 미팅에서도 거의 넥타이를 매지 않는 추세인듯하다. 그렇지만 거래처 방문하는 영업사원의 복장만 보더라도 영업 하수인지 고수인지 대충 알 수는 있다. 복장에 관한 것은 필자가 전문가가 아니라서 뭐라고 딱 꼬집어 말할 수는 없으나 적어도 영업하는 사람이 거래처를 방문하는데 정중히 입는 것이 영업에 도움을 줄 수 있는 것만은 확실하다.

영업을 오래 한 필자가 굳이 정의하자면 전문 직업인으로서 너무 가볍게 보이지 않으면 좋을 듯 하다. 남성의 경우는 거래처 방문 시 넥타이까지는 안 매도 정장 바지와 와이셔츠 그리고 정갈한 재킷에 깨끗한 구두 정도면 될듯하다. 거래처 방문 시 재킷도 안 입고 면티, 라운드티, 캐주얼화, 면바지 차림은 왠지 안 맞는 듯하고 신뢰감도 못 준다. 여성이라면 치마가 너무 짧다든지 아니면 거래처에서 우연히 본 경쟁사의 어느 여성 영업사원처럼 너무 길어 발목까지 내려오는 치마에 운동화를 신은 모습은 지금껏 필자가 본 최악의 경우인 듯하다.

필자가 어느 날 일식집에 들어가서 식사를 주문하는데 그곳의 주방장이 대나무 무늬가 멋지게 그려진 일식 조리복과 기다란 조리 모자를 멋지게 갖춰 입고 회를 썰어 내어줄 때와 그 주방장이 보통의 평범한 티셔츠와 운동복 바지를 입고 회를 썰어줄 때의 기분은 손님 입장에서 보면 완전히 다른 것이다. 이것은 프로와 아마추어의 차이, 전문가와 비전문가의 차이, 고수와 하수의 차이로서 보인다. 그래서 이런 선입견 때문인지는 몰라도 음식의 맛도 더 좋은 것 같고, 신뢰도 느껴지면서, 왠지 좀 더 고급스럽게 느껴져 만족감을 더 주는 것이 사실이다. 무엇보다도 손님인 내가 대접받는 듯한 인상을 받는다. 그래서 기분도 좋아진다.

아무튼, 복장은 비즈니스 캐주얼이 좋을 듯한데 이것은 여러분들의 상식 판단에 맡기지만, 중요한 것은 영업 하수들은 자기 복장이 그리 중요하다고 생각하지 않는 듯하고 전문적인 영업 고수들은 작은 것 하나도 영업 활동을 위해서라면 항상 최선을 다하듯이 복장도 자기를 어필하는 하나의 무기라고 생각해서 상당한 신경을 쓰는 것이 일반적이다. 영업은 과학이다. 신경 쓰고 고민하는 만큼 결과가 나오는 것이다.

글을 마치며

　스스로 영업 말고는 남들보다 잘하는 것이 하나도 없다는 필자, 그러니 당연히 글 쓰는 재주도 별로 없는 필자가 거의 주말마다 책상에 앉아 이 많은 분량의 글을 쓰는 것은 결코 쉽지 않은 일이었다. 영업적으로 머릿속에 생각나는 것은 많고, 이리저리 어떻게 해야 한다고 말로 하라면 줄줄 늘어놓을 건데, 이것을 막상 글로 쓴다는 것이 이렇게 힘든 일인 줄은 예전엔 미처 몰랐었다.

　처음에는 어디부터 어떻게 시작해야 하는지, 무엇을 중점적으로 적어야 하는지도, 나중에는 책을 어찌 출간하는지도 몰라서 무작정 대형 서점으로 달려가서 책 출간과 관련된 책을 읽고 또 읽고를 반복했다. 그리고 글을 쓰면서도 막상 한참을 주절주절 써내려가다가, 문득 내가 쓴 글을 체크하고자 다시 읽어보면, 앞뒤 문맥이 많이 이상해서 전체를 다시 지웠다, 다시 쓰기를 여러 번 계속 반복했다. 뻔히 다 아는 아주 쉬운 내용이 머릿속에서는 맴맴 도는데, 단 몇 마디로 정리가 안 되어 한참을 글 속에서 헤매다가 또다시 지우고, 다시 쓰기를 여러 번 반복했다.

역시 필자는 영업 말고는 잘하는 것이 아무것도 없나 보다를 느끼면서 말이다. 어찌 되었든 부끄럽지만 책이 완성된 지금, 글 쓰는 재주가 많이 부족해서 그리고 무엇보다도 이 책을 읽으시는 여러분들이 영업하는 내용과 환경이 모두 다르므로, 거기에 딱 맞게 모든 것을 이 한 권의 책으로 담아낼 수는 없었다. 하지만 할인점이나 마트 그리고 일반대리점 등에서 지금도 생활용품 영업을 하는 많은 영업사원들이 이 책을 읽고 영업에 있어서 자신감을 가지고 집중해야 할 것과 중요한 점을 조금이라도 쉽게 이해할 수 있도록 최대한 쉬운 비유를 통해 적용해 보았다. 하지만 아직도 부족한 것이 많다는 것을 실감하는 바이다.

그래서 개인적으로는 미흡하지만 나름 좋은 도전이었고, 의미 있는 경험이었다고 생각한다. 마지막으로 필자는 항상 많은 도움을 주었던 많은 선, 후배님들에게 고마움을 표하고 싶다. 특히, 이름을 굳이 이야기하지 않아도 알만한, 지금 이렇게 영업부에서 성장할 수 있도록 늘 도움을 주신 선배님 한 분과 정말로 그동안 필자가 지금껏 좋은 성과를 계속해서 낼 수 있도록 곁에서 헌신적으로 최선을 다해서 도와준 후배 세 분께 특별히 감사의 마음을 전한다. 그리고 항상 정교한 논리와 송곳 같은 질문으로 나를 긴장시켜 주시고, 그러면서도 부드러운 카리스마를 가진 필자가 진심으로 존경하고 좋아하는 김주연 사장님께 특별한 감사함을 전한다. 그리고 이 글을 끝까지 읽어주신 여러분들에게도 깊이 감사함과 고마움을 전한다.

다음번에는 시간의 여유가 된다면 이 책은 여러 생활용품 영업의 직무들을 조금씩 중요 부분을, 그리고 영업사원으로서 집중해야 할 부분 정도를 설명한 것이므로, 그동안 필자가 경험하고 알아왔던 일반 소형 직거래, 할인점, 대형 슈퍼마켓, 클럽 채널, 대리점, 백화점, 면세점, 온라인 등의 유통 채널별로 좀 더 상세히 하나하나의 책으로서 만들어 여러 생활용품 영업을 하시는 분들에게 도움을 주고자 하는 마음이다.

그리고 이 글을 쓰는 데 있어서 알게 모르게 많은 도움을 주신 주변의 모든 분들에게 다시 한 번 깊이 감사함을 전한다. 특히 누구나가 무엇을 하게 되는 동기가 있듯이, 오래전 어느 누구와 이야기를 하다가 필자에게 처음으로 글을 쓰면 좋겠다고 제안해 주신 분이 있다. 이 글을 처음으로 한 장 두 장 쓰기 시작하였다가 중간에 힘 들고, 다시 의욕도 없어 손을 놓고 한참을 포기하던 중 또다시 그분에게 많은 자극을 받아 그것이 다시 동기부여가 되었다. 결국, 이 글을 완성하는 데 도움을 주신, 그렇지만 지금은 가까이할 수도, 만날 수도, 이야기할 수도 없는 그분에게 바다보다 깊고, 하늘보다 높은 사랑을 전한다. 감사합니다.